歴史文化ライブラリー

156

モダン都市の誕生

大阪の街・東京の街

橋爪紳也

吉川弘文館

目次

盛り場の文化論　西洋化・高層化・電化

岡本一平による「大大阪君の似顔図」というユニークな小論をご存知だろうか（『一平全集　第九巻』先進社、昭和四年）。

有楽地の時代

岡本は、拡大しつつあった大阪の街、すなわち「大大阪」を人の顔にたとえる作業を繰り返していく。顔面にあるパーツを試行錯誤をしながら、当時の大阪を代表する文物に置換していくのだ。たとえば、鼻は通天閣、左目は「商業に夢中」、右目は「有楽地で遊んでいてうれしそう」、口はできたばかりの大桟橋《おおさんばし》、歯は大阪城の石垣、大煙突の葉巻をくわえている、といった具合である。岡本が描き出した同時代の「大阪」の姿を選抜された都市施設から要約するならば、「水の都」「商工都市」というイメージを基本としつつ、皆

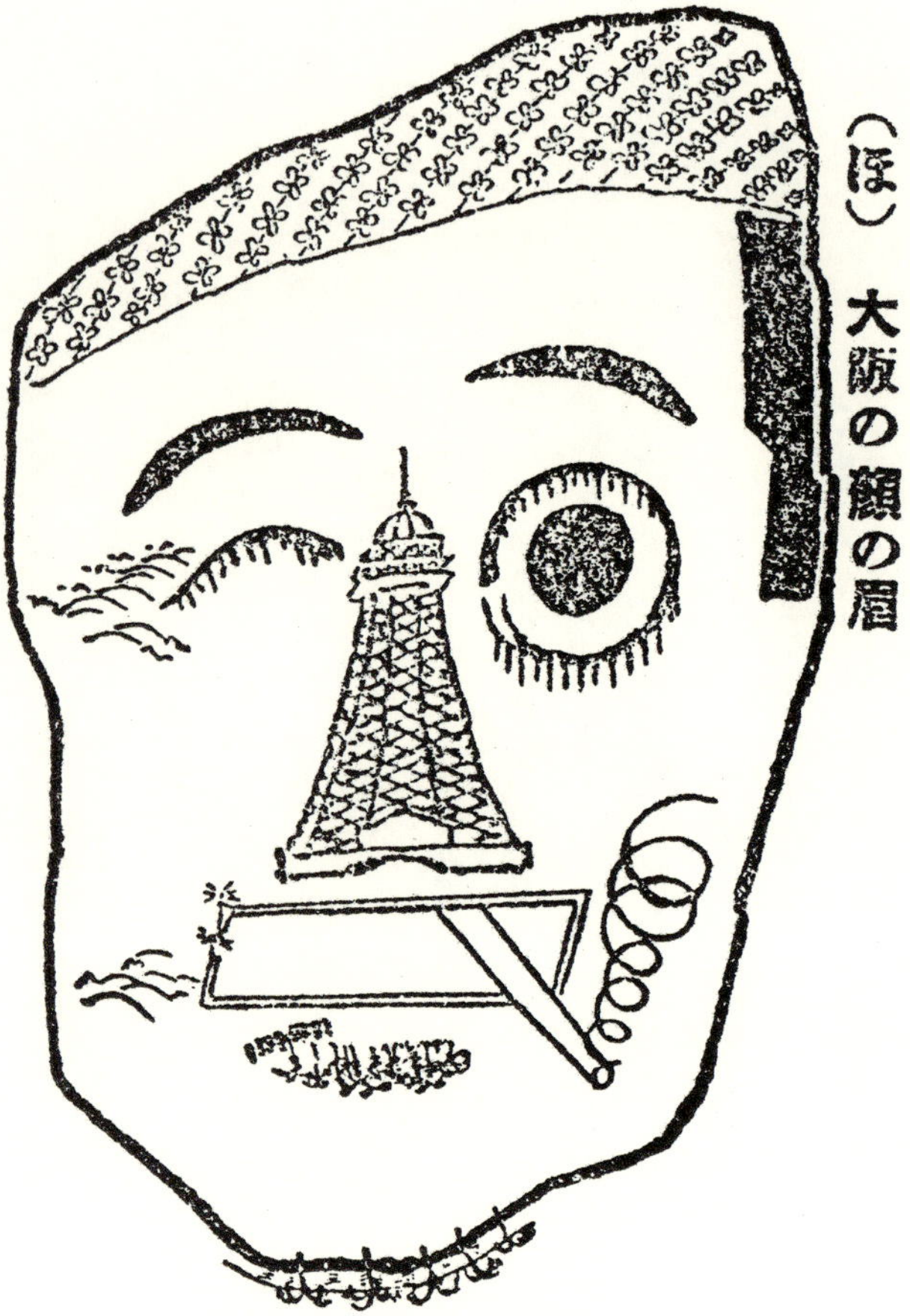

図１　大大阪君の似顔絵

が享楽に時間を費やすことができる「有楽地」という性格を加味したものにほかならない。

二〇世紀初頭の都市文化を語るさい、私たちは「有楽地」、つまり商業地や盛り場にかかわる文物に注目しなければならないだろう。その背景には経済成長がもたらした都市化の進展がある。明治三八年（一九〇五）に日露戦争が終わり、日本は戦勝国となる。その後も大正三年（一九一四）から第一次世界大戦が開戦、欧州からの需要が増大しわが国は好況期を迎える。

一例を当時の貿易額に見ておきたい。大正三年、輸出総額が六億三千二百万円であったものが、大正九年には二百五十億四千五百万円、輸入においては六億四千八百万円が二十五億四千五百万円と、わずか六年のあいだに四倍近い増加を示している。国内消費もこれに従って活発であった。

好況は、好条件の仕事があふれる都市へと人々を集める。工場労働者として、またサービス産業に従事する者として、人々は都会に群がった。この豊かさは同時に新たな生活文化を生みだし、人々の価値観にも影響を及ぼした。西洋文化を独自に咀嚼《そしゃく》して、衣・食・住の合理化をすすめ、かつては一部の人たちのみが持ち得ていた教養や趣味を、誰もが楽しみ享受する余裕が生じた。それまでの封建的な家族意識を崩しつつ、個人主義的な生き方を重視し、婦人の地位向上や子供の教育普及を人々は重くみる風潮も生まれた。

これが都市の「楽しみ」に新たな局面をもたらす。人々は休日ともなると、散策や買い物を楽しむために商店街や盛り場に出向き、消費生活と大衆向きに産業化された娯楽にわが身を委ねたのである。

モダニズムの多様な語り

この二〇世紀初頭に都市にあって花開いた文化は、概してモダニズムと総括される。機械文明が喧伝《けんでん》されるなか、世界各地でおこった芸術運動の総称である。たとえば建築では、バウハウスやCIAMなどの建築運動が知られている。また美術の領域では未来派・表現主義・ダダ・シュールレアリズム・アブストラクトなど、その展開も多彩である。とりわけ日本では、一九二〇年代から三〇年代にかけて流行をみたモダンな風俗を映す文学や美術・デザインの潮流という狭い範囲を形容する言葉として用いられている。美術史や文学史で語られるモダニズムとは、後世に名を遺す偉大な一部の作家や建築家、芸術家がなしとげたムーブメントとして記述されがちなのだ。

対して同時代の世相にかんする叙述は、モダニズムが喧伝された「時代の気分」を謳歌した大都会の人々を主役とする。大量生産と大量消費を支えた工業化の時代にあって、とりわけ大都市において進展をみた大衆文化が、モダニズムの精華として語られがちなのだ。そこでは、三越に代表される百貨店が生み出した最新のファッションや、東京銀座や大阪心斎橋筋などの街頭にあって垣間みることができた先端の風俗が紹介される。いっぽうでエロ・グロと総括される享楽的な風俗、とりわけカフェーやダンスホールなどでの遊びにも多くの関心が集まる。

モダニズムにかかわる「語り」は、ハイカルチャーと大都会で成立した大衆文化の二極に分裂しがちである。

盛り場のモダニズム

しかし、それだけでは充分ではない、と私は考える。著名な作家の仕事のなかにだけ、また大都会の華やかさのなかにだけ、モダニズムの精神は息づいたのではない。いかなる場末にも、はたまた地方の田舎町にも、従来の都市におけるモダニズムにかかわる「語り」からははみだした、しかしモダニズムとしか分類することができない「表現」が実に彩り豊かに生み出されたはずだ。

本書はこのような問題意識のもとに、おおむね二〇世紀初頭の都市を対象に、「西洋化」「高層化」「電化」など、都市の「変化」を語るキーワードを頼りにしつつ、同時代の盛り場に芽生えた空間変容と空間演出にかかわる文化の諸相をスケッチするものである。その作業を通じて、従来のモダニズム論からはみだした論点を確認していきたい。

加えて、この種の著述にあっては、従来は東京の事例、たとえば銀座や浅草に見受けられる例をもって語るものが多かった。東京中心史観に依拠したモダニズムの言説ばかりが流布《るふ》しがちであったというと言いすぎであろうか。対して本書では、既往の視点を相対化したいという思いから、大阪を主な考察の対象とした。結果的に東京・大阪の二都比較論という読まれ方も可能かと思うが、筆者の本意は、いずれ地方都市への展開などを含めつつ、より多様な都市とモダニズムにかかわる「語り」をものにしたいという点にある。

また「西洋化」「高層化」「電化」など、ここで扱う都市の「変化」は、より上位の概念として「美化」という概念で括ることも可能であろう。盛り場や商店街における動向にかんしても都市美運動、さらには商業都市美協会の活動を先導した都市計画家石川栄耀《えいよう》の言説と活動のあとをたどることも不可欠である。しかし紙幅の限界から、本書では触れることがかなわなかった。盛り場における都市美論の動向と実践については、いずれ別の機会に、私なりの総括をしていきたいと考えている。

商店街

街頭のモダニズム

遊歩者と商店街

変化する商店街

商店街の魅力を享受する遊歩者が、日本各地の都市に現れたのは大正から昭和初期のことだろうか。ちょうど各地の呉服店が下足《げそく》のままに入場できる近代的なビルに変貌、百貨店と名前を変えつつあった時期にあたる。またターミナルにも電鉄系のマーケットが登場する。この巨大な商業集積に対抗するべく、商店街の各店舗も工夫をこらし専門店への特化を果たす。いっぽうで欧米の展示・陳列手法に学び、おおがかりなウインドーを店先に設けるようになる。

モダンガール（モガ）やモダンボーイ（モボ）たちは、みずからのファッションをまちなかで披露しつつ、街頭を遊歩した。都心の商店街は、わざわざよそ行きの服を身につけて出かける「晴れの場」に転じたのだ。

百貨店対商店街

ここでは大阪の心斎橋筋を事例に、モダニズムが喧伝《けんでん》された昭和初期における街の様相をスケッチしてみたい。巨大化し、かつ新たな業態に転じつつあった百貨店にいかに対応するかは、全国各地の商店街にあって例外なく大問題であった。大阪にあっても心斎橋筋や九条など、有力な商店街は百貨店に対抗するべく活動し、また各商店もみずからの近代化を手がけている。

雑誌『商店界』の昭和三年（一九二八）七月号は、「百貨店対抗小売店連盟」の特集号である。大阪に関連する記事としては、寿屋《ことぶきや》（のちのサントリー）に所属する本松呉浪の「百貨店は問題おまへんといふ大阪商店経営振」、心斎橋新聞社の久保田秀吉が書いた「百貨店問題を機会に生れた大阪売買改善会」が掲載されている。

前者は心斎橋筋のルポルタージュである。大丸《だいまる》・十合《そごう》の二大百貨店は商店街のなかに立地しており、いっぽう三越・白木屋《しろきや》・高島屋などは堺筋に店を構えた。各商店は、商店街での内なる百貨店との対抗と、商店街の外に立地した百貨店群との競合という二重の対応を迫られていた。そのなかで「百貨店 位屁《くらいへ》でもない」という、意欲的な店を探訪しようという企画である。紹介されている店は洋品店「トイシン」、「川口軒茶店」、履物屋「てんぐや」などである。商品の質の高さ、商品にかんする知識などが優れており、「百貨店横暴を叫ぶ中に、是《これ》は亦《また》涼しい顔で繁昌《はんじょう》」しているという。

大阪を代表する商店街である心斎橋筋については先の特集に限らず、この時期、雑誌『商店界』誌上において、しばしば見聞録が掲載されている。昭和三年九月号には、編集元である『商店界』社長清水正己による「誌上商店街見物　心斎橋の巻」と題する記事がある。

清水は各店舗のウインドーやケースの配置、看板を論評してまわる。外観で特に評価が高いのが「ウサギヤ」である。ショーウインドーの下部、腰の部分を白黒のタイル張りとしている。大阪では「チョイチョイ」見る組み合わせで、金をかけず効果のあるやり方だ、とする。また店頭にグローブ電灯をならべ、ウサギの看板を掲げる。地方の商店が心斎橋風の店構えを真似するならば、この店のような手法が「お誂《あつら》え向き」だと推薦している。

さらに心斎橋筋南詰《みなみづめ》、東西にならぶ店に着目する。右手には「心斎橋の時計屋、頭のテッペに電気塔」と謳われたごとく、ニューヨークの五番街にでもありそうな高層の店がある。対する左側には、看板に「キャンディーストア」とあり、ウインドー内で製品の実演販売をしているアメリカ風の店があるが、店頭で焼かれているのは今川焼き風の菓子である。

清水は後者を「これは何処《どこ》でやっても成功する」方法だと評価する。ウインドー内での実演販売だと、物見高い客は必ずのぞき込む。同じことをやっても露店では、子供やお手伝いさんくらいしか注目しない。今川焼きを露店で買うことを軽蔑するような紳士も奥様も、ここでは上品な心持ちがして、よろこんで買い物をするのだという。

心斎橋漫画風景

『商店界』昭和七年六月号では、藤原せいけんの筆になる探訪記「心斎橋商店街漫画風景」という連載が始まる。イラストから世相・風俗が読みとれて面白い。「刃物屋」という一文では、当時のモボたちが大丸から北、心斎橋に近い商店街の北端部分を「田舎」と俗称していたことを、同業者の商いの違いから説明している。心斎橋筋の南と北に刃物屋があった。南の店は「モダンな刃物」を扱かう店だとしている。いっぽう北寄りにある店は、七、八尺もある「田舎臭い大きな刀」を飾って看板としている。「田舎武士の面影」のある「クラシカルな店」だが、しかしチャンバラ好きな男の子や「おのぼりさん」たちを相手に商売をなし、宣伝の腕としては上手だと評価している。

心斎橋名物であった日除けテント、今風にいえばアーケードについても一文がある。布

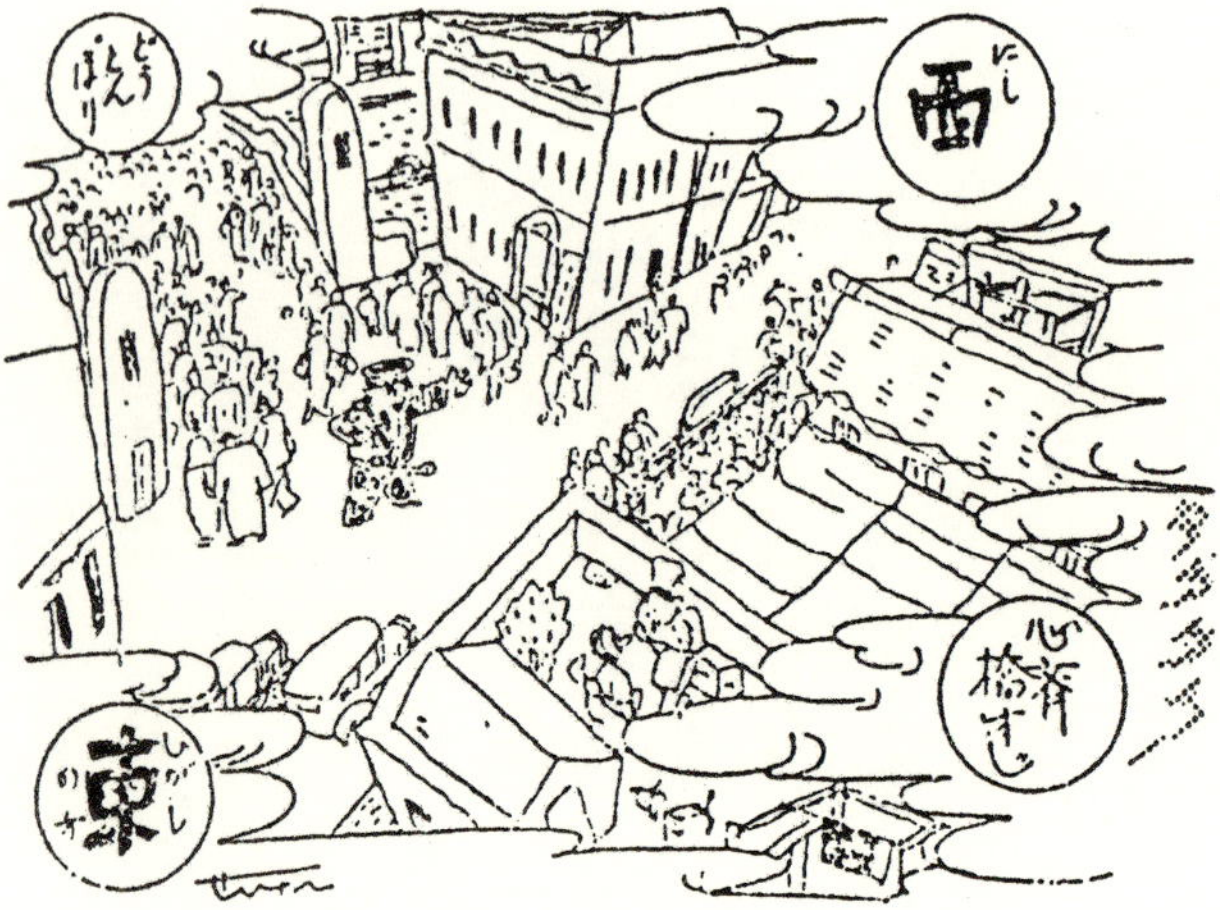

図2　夷橋北詰（『商店街』「心斎橋商店街漫画風景」）

図3　刃物屋（『商店街』「心斎橋商店街漫画風景」）

図4　日除けテント（『商店街』「心斎橋商店街漫画風景」）

製であった覆いは、雨が降ると丁稚《でっち》たちによって巻き上げられる。そこに「一直線の空」が一分もしないうちに登場するのだが、同時に各商店の上階部分、屋根や屋上の醜さが眼につくという。要するにテントの下の部分だけ、きちんと金をかけて立派な店構えにしている所が多かったということだろう。

表面だけを豪華にした店を、ここでは「天麩羅《てんぷら》建築」と呼んでいる。そして「一夜造りのカフェー」のほかにも、同様の安っぽい造りが「大大阪の商店街にも巾《はば》を利かせている」と述べる。心斎橋筋は「日除けテントの中を、もぐらのように歩いていればよいところらしい」と皮肉っている。

もちろん雨天には、この種のテントは役に立たない。広くはない道幅を大勢の人が傘をさして歩く。混雑とわずらわしさで、「いっそガラスのトンネルにしてはとの案が出ている」という。アーケード化せよということだろう。「その時は大阪名所にガラスの街が入ることになります。船場《せんば》のいとはんもモダンガールも、ガラスの街を金魚のように泳ぎまわる事でしょ」と予測する。しゃれた観察である。

ヨネツの飾り窓

昭和初期、心斎橋筋にあった専門店のなかで、もっとも話題となった店舗が「ヨネツ子供雑貨店」だろう。主人である米津禎三は、欧州の外遊から帰国したのちに、それまで大人の洋品をも扱っていた店のありようを一新し、子供服の専門店に特化する。

『商店界』昭和六年九月号の記事で、米津はインタビューに答えて「専門店の専門化を尖鋭化」することが重要だと主張する。欧州では子供用品でも、靴、靴下、帽子、シャツなど、それぞれの専門店がある。二階、三階まですべての床を使う大型店もある。日本の専門店も、小規模なものと決めつけず、また百貨店の真似をせず、大仕掛けで百貨店のその部門がどんなに力を入れても追いつかないようなものになすべきだという持論を展開している。

米津は店を全面的に改造した。『商店界』昭和六年十一月号に、事前に米津から相談を受けていた清水正己の「小売店の陳列窓　店内の活用法」と題する一文がある。間口三間半の店なのだが、平面図にあるように、往来から六間分もウインドーがなかに入りこむ。店の面積の半分ほどが、奥に人を誘導する飾り窓に使用されている。

「今度のヨネツのウインドウ見やはりましたか」「見てきました。えらい変わったウインドウだんな」「何や知らんけど、鰻の巣みたいに、ニューと中の方へ、奥深う這入って行くウインドウやで」などと、大阪の商人たちが噂していた様子が紹介されている。また、

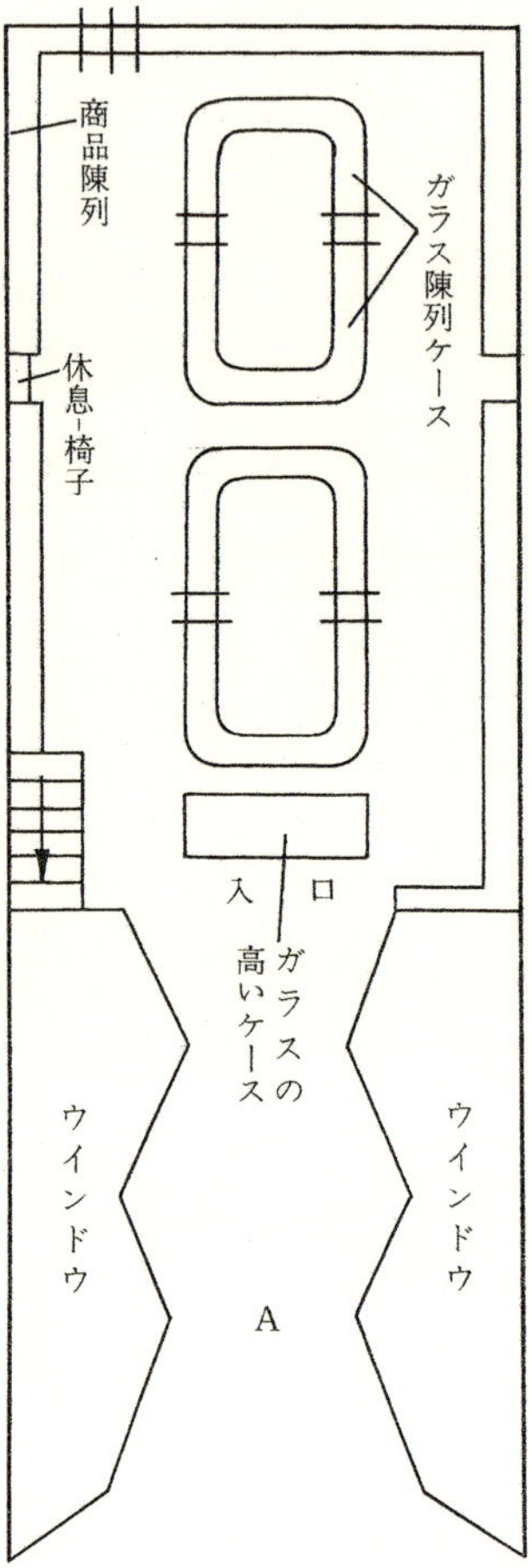

図5　ヨネツ店内平面図

これでは遠慮して客が中に入らないのでは、あるいは「土一升金一升」と呼ばれる一等地としてはもったいない使い方だ、などという評価があったようだ。

しかし清水はアメリカにこの種の先例が多くあることから、必ず成功すると見ていた。ただし正面の左右に長く続くウインドー部分を、「往来の気分」にする事が重要だという。ここに店員がでてきたり、中央に商品を置くと、「店内の気分」になる。すると奥まで客を吸い込むことができないと見る。そしてヨネツの改装を「勿体ないと心配する代りに、新しい試みで、評判され、宣伝としても絶好で、店として相当に客を吸い込み、多いに勿体ないの反対である事を確信」しているとまとめている。

結果はどうであったか。『商店界』昭和七年一月号に西川コーゾーによる「商店巡廻座談会　大阪の巻」が掲載されている。「モダン大阪商店街の横腹」と題し、一日の客数が三千人から五千人という「東洋一の喫茶店」である朝日ビルの喫茶店ほか、錦ネクタイ店、柳屋画廊、天牛古書店、カフェールパンなど、大阪で成功した店を紹介する。事例のひとつに「ヨネツ子供服店」も登場、「百貨店に買（ママ）った子供服店」と讃えられている。先の屈曲するウインドーのところどころに「玩具の国」「雑誌の部屋」というテーマ性のある陳列をして、「子供をまるめこむ様に仕掛けてある」という。また「断然大阪商店界のピント」を合わせることになった理由に、大きくて美しいウインドーに置かれた可愛らしいフランス製のマネキン人形の効果もあったとみている。この人形は「大阪コドモ界」の人気者であると書いている。また百貨店では売らない商品だけを仕入れ、毎月二十日に仕入れた商品を一ヵ月で売りきるという。「ヨネツスタイル」は、インテリ階級の支持を受けたようだ。

商店街の東西比較

この時期の心斎橋を観察した記事でしばしば目にするのが、東京銀座を例示し、東西比較をするものだ。その典型が『アサヒグラフ』昭和二年六月号に掲載されている「大阪の銀座」という見出しで始まる小文である。ここでは商店街を歩くモボ・モガ（モダンボーイ・モダンガール）の風俗を観察、大丸百貨店の各フロアを、いわば「開かれた社交室」として使いこなしている女性たちの新しいライフスタイルに驚いている。

銀座との比較

そこにあって、銀座を歩く人々のありようと、心斎橋を遊歩する風俗が比較されている。同文中では「心斎橋が代表する大阪のモダニズムは、銀ブラ気分と又一風違った味もあらう」と表現している。心斎橋筋には、大丸や丸善をはじめとして両側に大小幾百軒の老舗《しにせ》と新店《しんみせ》がならんでいる。これらの店を対象としたウィンドーショッピングは、老若男女、とりわけ独身者の「慰め」であると強調する。ただ心斎橋の特徴は「新味と古味」が混じっているところにあるというのだ。その様子を東京人にわかりやすく説明すると、「銀座のモダン色と、仲見世の盛り場気分と、池之端《いけのはた》中町か或《あ》るいは人形町通りの、気の利いた小《こ》舗《みせ》気分」とを混ぜたものだと記者は書いている。

また東京や京都の若い男女は、盛り場を「横列」になって「情語を交換しながら」歩くと述べる。しかし大阪だけは「縦列」になって歩いているのが観察される。要するに心斎橋筋は、銀座や京都の四条通りと比べて、道幅が明らかに狭いうえに人通りも多い。だから横になっては歩きにくいのだという。ゆえに「盛り場気分」が加わり、にぎわいが増すように思われたということだろう。

見せびらかしの競争

いっぽう専門家による観察が『商店界』昭和五年一〇月号に掲載されている。この号にはイラストマップとともに、本松呉浪による「心斎橋風景」という一文が掲載されている。

冒頭で本松は「銀座に憧憬《しょうけい》を持つ東京人は、大阪の心斎橋を口ではほめても心では小馬鹿にしたがる」と述べる。対して大阪人も銀座の店舗が「むやみに新様式になって行く」のを見て、「国粋論者がモボ、モガの出現を亡国の兆し」というのと同様に「東京人の移り気な軽佻《けいちょう》さ」だと否定的に思っている点を指摘している。

一年ほど前に大阪に転居したばかりの本松は、この文章の後半で心斎橋新聞社の久保田秀吉との対論を掲載、現地での経験をふまえつつ銀座と心斎橋の比較検討を試みている。そこにあって本松は銀座にはない心斎橋の特色として、店頭販売に主力を注いでいる点をあげる。心斎橋筋では、ウインドーのほかに店頭に廉売台などを置き、人を店先から店内へと誘導する仕掛けもできがよい。対して銀座は店頭ではなく店内に力を入れ、高尚に造る。心斎橋のやり方は「多分に近代味を欠く」が、あちこちを見比べて一銭でも安い方を選ぶ大阪の客を考えれば、自然、店頭に「見せびらかしの競争」が演じられることになるのだと分析する。いっぽう銀座では立ち止まって休むところが随所にあるが、心斎橋にはその種の情緒がないという観察もある。立ち話は通行の邪魔だという意識が大阪にはある。だから心ブラは銀ブラと比べると店頭ケースを止まって見る人が少なく、「散歩らしく」はないとみる。

また街並みについては、銀座では新橋寄り、京橋寄り、西側、東側と特徴があり、気分が変わると指摘する。しかし心斎橋筋は多種多様の店が全体にばらまかれ、かつ同じような様式の店舗が多すぎるという。「全体の気分が余りにも同じ」であり、「余りに揃い過ぎて、三分の一も歩くとイヤになる。飽きが来る」と批判している。また関東大震災後の銀座を「新しい近代建築の、そして変わった店舗ばかりで実に近代都会の華だ。心斎橋の店舗には、これぞという新しいのは、ホンの数える程しかない」という所見もある。

雑踏のモダニズム

従来、大正・昭和初期の盛り場におけるモダニズムにかんする論述では、街を往来する人々の風俗に眼が向けられがちであった。

あるいは百貨店やカフェーなど、当時、新たに流行となった業種ばかりが注目されてきた。しかしこれまで述べてきたように、商店街も、そしてごく普通の店もそれぞれが可能な近代化を意識して、みずからの営業形態や店舗のありかたを変えようとしていたのである。店頭照明、ネオンサインや広告も確実に変化する。ウインドーや販売方法も含めて、街を遊歩する人々の興味を商品に向けるための仕掛けを、各店が独自に工夫しはじめたのだ。

とりわけこの種の近代化は、震災があった東京では、その変化が眼に明らかであった。バラックをへて復興した銀座などでは、各店舗は近世の遺風から解き放たれ、モダンな店を競いあうように構えた。しかし大阪をはじめとする他の都市では、同種の変化が相対的に緩やかに進行したと見てよいだろう。

商店街とメディアイベント

商店街は、また時代を先取りする情報を生み出すべく、さまざまな「出来事」を用意した。大売り出し、百貨店による季節装飾や流行にかんする情報発信などに力を入れるようになる。大正期になると新聞が協力し、各種の文化事業や被災地への救護事業など、さまざまなメディアイベントを展開した。その時、商店街は全体として、イベント空間という役割を担うようになる。ここでは『大阪朝日新聞』の記事から、明治末から昭和初期における大阪心斎橋筋での催事について紹介しておきたい。

イベント空間としての商店街

心斎橋筋で行われた催し物の多くは、当然のことながら買い物客を集める目的で行われた。もちろんその基本は大売り出しにあった。江戸時代、京阪の呉服店では、毎年秋に「誓文《せいもん》払い」と称する大売り出しを実施していた。明治末においてもこの習慣は継承され、心斎橋筋でも盛大であったようだ。「三日間の誓文払い、商家のある町々は賑やかなこと、騒々しいこと、秋の大阪の繁昌はこれひとつと思われるくらい」（明治三八年一〇月二三日）といったような記事が毎年掲載されている。

しばらく廃れていた「年の市」の再開、歳末の大売り出しも恒例となった。その起源とされたのは明治三九年（一九〇六）のことだ。次のような報告がある。

年の市　いつの世からか廃れてしまった年の市は順慶町筋、心斎橋筋の五五名によって再興され、一二月一日より一〇日間、思い思いに装飾をこらし商品は割引または景品を添えるなど専《もっぱ》ら歳晩《としのくれ》買い物客の便に供せんはず。（明治三九年一一月三〇日）

年の市　例によって例のごとく赤提灯に赤の旗賑やかに、買い手の心と財布を踊らせ、風呂敷包みや紙包みを提げた奥さん嬢さん、此処《ここ》ばかりは男の独り歩きがあほらしい様でもありきまり悪くもある。（明治四三年一二月一四日）

バーゲンセールは「奥さん、嬢さん」の独壇場であって、「男の独り歩き」は決まりが悪いという記事は、今日に通じる歳末風景ではないだろうか。

呉服店と季節装飾

やがて売り出しは、各季節ごとに実施されるようになる。たとえば春の売り出しは高島屋飯田呉服店が明治四三年（一九一〇）から行なっている。ついで各呉服店では、夏物売り出しや薄物売り出しを実施、さらには夜間営業も行なっている。

夏物の売り出しは明治四二年六月二日が初見である。「一日初日で夏物売り出しの幕があける。新柄陳列がある、美術人形がある、釣り裂《きれ》がある、見切り物がある、おまけに景品も出る、婦人の人気は忽《たちま》ちここによる」とある。

薄物の売り出しにかんしては、たとえば次のような記事がある。

心斎橋の人形飾り　薄物売り出しが一日から始まっている。大呉服店は店頭の陳列室に人形飾りをしている。十合《そごう》のは一方に白布の滝を一面に落とし反の浴衣が岩代わりにしてある。一方には小亭、二人の芸妓と一人の舞妓が小褄《こづま》をとって泉水に臨んでいる。大丸はすずしき夕座敷、粋なのが鈴虫籠を持って立ち、座っているのが団扇《うちわ》片手に打ち扇ぐところ。白木屋は夏山の背景、藁葺《わらぶ》きの水車小屋、屋根に紅蔦が這っている。（明治四二年七月六日）

ショーウインドその他を涼しく飾り遊戯室を設け日々数千の蛍を放ち夜間営業を開始

するという。（明治四三年七月三日）

季節ごとに設定された売り出しのさい、各呉服店は集客のため、それぞれに季節に応じた趣向を凝らし、店を飾り付けた。その競争の様子が、なかなかに面白い。いちはやく季節を告げる呉服店のディスプレイは、自然の乏しい都心に独特の風合いを加えた。

流行の発信地

心斎橋筋に面した各呉服店は新しい流行の提案も始める。一例が高島屋呉服店で開かれた「アラモード陳列会」である。「一五日より陳列会を開いているが、当年は概してぱっとした柄よりも奥床《おくゆか》しく見える柄が流行する模様である」（明治四〇年一一月一七日）という記事から推察すると、和装・洋品の新柄を毎年、発表していたようだ。

大正時代になると、呉服店から発展した百貨店が、競争関係の激化を避けて、その年の「流行色」を定めるようになる。

初めて出来た『流行色』の設定　いたずらに競争して共倒れになってはつまらん『お互いに流行の協定をいたしましょう』と各百貨店の間に初めて妥協が出来た。おびただしい一興の気に包まれて早々には御成婚のおめでたがあるので、『青雲色』の活々した色彩を始め、富貴を意味する『金鈴色』、朱塗りの富柱を連想させる『旭光色』、雄々しい若松にちなんだ『若松色』、それにやさしい『山菫色』を加えて新春を飾る五つの流行色を統一した（大正一二年一二月二三日）。

また丹平《たんぺい》ハウスでは「髷《まげ》の陳列会」が行われている。昭和四年（一九二九）二月一日に

「趣向を凝らした陳列　お嬢さんや奥さんたちを粋《いき》に、玄人《くろうと》の姐《ねえ》さん素人風《しろうとふう》に化けさせる『お化け』の節分が来ます。節分髷の陳列会を開きます。昔から今までの妙趣向を凝らした色々の髷が三〇幾《いく》つかきれいな勢揃いをしています」という記事がある。節分の日に皆が変装して大騒ぎをなす、「お化け」と称する京阪独特の習慣がある。その変装用のヘアースタイルの発表会があったようだ。

文化啓蒙イベント

大正時代になってから顕著な傾向として、新聞社とタイアップした文化的なイベントが展開されはじめる点を指摘することができるだろう。たとえば大正二年（一九一三）一〇月には、高島屋呉服店で『朝日新聞』掲載の連載小説『渦巻』に題材をとった人形の陳列が実施されている。

大正一二年一二月二三日付の記事には大阪の六大百貨店（三越、白木屋、高島屋、松坂屋、大丸、十合）を対象とした催し物の比較がなされている。この時期、大丸では「レコードコンサートを始め和洋のあらゆる音楽会」が、また隣接する十合呉服店は「欧米子供用品

展覧会」「女流作家絵画展」「新作色紙短冊会」を行なっていたことがわかる。

人々を啓蒙するイベントも企画されるようになる。大正一三年、大丸では、デンマークで行なわれた「万国ボーイスカウト大会」参加者の帰朝報告を兼ねた「ボーイスカウト展覧会」を実施する。大正一五年、丸善大阪支店では「富国論出版一五〇年記念経済学者肖像展覧会」が開かれている。三月二日の記事に「私立関西大学経済学研究会では本社後援の下にスミス氏をはじめ碩学《せきがく》数十氏の肖像を展覧することとした」とある。

また同年には大丸で「航空デー」を記念した「航空講演」や、「一般家庭に温度知識を充実する目的の温度展覧会」なるユニークなイベントが企画されている。後者は「珍奇な出品と懇切な説明」で人気を呼んだらしく、「……出陳要目は温度の知識、自然と温度、日常生活と温度、生物と温度など天然界、生物界各方面に於ける温度の活躍を豊富な資料を以って現したもので、耐寒耐熱服を着用した兵士の人形があり、動物園からは熱、温、寒、各帯の珍奇な動物の剝製を並べて人足をとめている」（大正一五年四月九日）とある。

義捐イベントと商店街

メディアイベントとして、おおいに話題になったのが、新聞社が提唱した義捐金《ぎえんきん》や慈善事業の類である。各地で災害があるたびに、メディアは被災者への支援をうたい人々を商店街に呼び集めた。たとえば大正一二年九月、関東大震災が起こり多数の被災者がでたさい、迅速に夜具の寄贈を行おうという全国関西婦人連合会の働きかけに大丸呉服店が協力した。関東の罹災者に対して、定休日であった天長節の一〇月三一日に「全関西婦人デー」と称して臨時に店を開け、その日の純益を寄贈した。当日の様子は次のように伝えられた。

美しい同情に燃えるお客で大繁盛を見た、大丸呉服店が発奮の全関西婦人デーと婦人会員の活躍　飢寒《きかん》に悩む関東各地の震災罹災者を救うため大丸呉服店の発奮による「全関西婦人デー」同呉服店において挙行された。この意義のある挙に共鳴する人々で誓文払《せいもんばら》いにも劣らぬ賑わいを呈した（大正一二年一一月一日）。

ふだんはライバルである商店街の洋品店なども、この日に限っては協力を惜しまず、「今日は是非《ぜひ》大丸で買ってあげて下さいあの店にはきっとお気に召すのがありましょうから」と顧客をわざわざ大丸へ向かわせたという。

はやりの「人造人間」も街頭にたった。昭和五年、ドイツ・デュッセルドルフ市の芸術人形製造会社に東京と大阪の両朝日新聞社が一体ずつ注文、来日した「人造人間」は、連載中であった『西部戦線異状なし』の続編『その後に来るもの』の作者E・M・レマルクの名を取って「レマルク」と名付けられた。このレマルク君は、一二月三日より朝日会館で同情週間のお手伝いをしたのち、各百貨店をまわって義捐金募集を行なった。心斎橋筋では大丸と十合の店頭に立ったことが報じられている。

商店街と芸術

心斎橋筋商店街の呉服店やいくつかの専門店が、大阪の美術振興において重要な役割を果たしていたことは特記に値する。

呉服店と美術展

心斎橋筋における美術振興、現代風にいえばアート・マネージメントの展開にあって、先導役を果たしたのが呉服店の美術部である。明治三一年（一八九八）、大阪進出を果たした高島屋呉服店は、心斎橋筋二丁目に店舗を構え、明治四四年に美術部を設けている。ここでは作家の新作のみを扱かうと評判になり、開設初日には心斎橋筋・三津寺筋に面した二ヵ所の入口に客が殺到したという。東京・名古屋からつめかけた美術商もあった。以後、高島屋では、富岡鉄斎や横山大観などの個展、日本美術院再興記念第一回展など、話題となる展覧会を続々と開催している。

追随したのが、老舗《しにせ》の大丸である。大正元年（一九一二）、日本画壇に新風を引き起こした「大正美術会」の第一回展を開いている。中心となったのは「悪魔派」と呼ばれ、美人画で一世を風靡《ふうび》した北野恒富ら、在阪の若手画家であった。その後も、さまざまな美術展が開催されている。

さらに各呉服店は、作家だけではなく、学生などが出品する展覧会も、たびたび実施している。十合呉服店を会場に恒例となっていたのが「女学生絵画会」である。「第十回」を数えた昭和二年の例では、市岡、泉尾、生野、梅花、大谷、大手前、ウイルミナ、プール、天王寺、阿倍野、堺、金蘭会、夕陽丘、市立高女、西華、桐蔭、清水谷と一七校が参加、油絵、日本画、水彩、パステル画等、合計一〇〇余点が陳列されている。

また絵画に限らず、写真やより実用性のある服飾や髪型のデザインにかんする展覧会もさかんであった。とりわけこの種の催しでは、競技形式を採用して一般からの参加を募り、啓蒙をはかろうとしていたことが注目される。

たとえば大正四年九月、高島屋呉服店は「半襟《はんえり》」の図案・意匠を公募、三〇〇点ほどの応募作のなかから入選図案を選定し、実際に試作した実物を陳列するイベントを実施している。また大正一三年、大丸が主催した「写真競技」なども、その一例であろう。この時は「斯界《しかい》の権威者、同店写真部長、朝日新聞社員等」を審査員とし、三二〇点の応募から入賞者を選んでいる。

丹平ハウス　心斎橋筋において、新しい美術運動の核となったのが、心斎橋筋二丁目にあった丹平《たんぺい》ハウスである。大正一三年の開店以後、太平洋戦争で空襲を受けて閉鎖されるまで、大阪の洋画壇にあって指導的な役割にあった赤松麟作がここを拠点としたことで知られている。

丹平ハウスは、健脳丸、今治水《こんちすい》で知られる丹平製薬の店主森平兵衛が、アメリカのドラッグストアを模倣して建設した地上三階、地下一階建ての店舗ビルである。一階北側を占めた直営の薬局では、医薬品以外に化粧品、洋酒、写真機材、キャンディなどの洋菓子を扱った。南側には飲食を楽しめるソーダファウンテンがあった。二階には赤松洋画研究所、美容室などがテナントとして入居した。

赤松麟作は後進の指導に熱心であった。研究所は、開設当初から人気を集め在籍者は二五〇名を数えたという。普通部、婦人部、夜間部、日曜部があり、日曜夜には随意に参加できるクロッキー会が催されていた。のちに麟作が教鞭をとる大阪市立工芸学校の出身者、各百貨店のデザイナーなど、大阪のデザイン界を支える人材が繁く通ったという。

また昭和五年に設立された丹平写真倶楽部の活動も重要である。当時、前衛美術に影響を受けた「新興写真」が喧伝されるなか、丹平ハウスに集うアマチュアカメラマンたちは、超現実主義、あるいは抽象的な表現の作品群をものにしていった。丹平ハウス支配人吉川源次郎、赤松麟作も、その活動に参加している。オーナーの理解のもとで、分野を越えた芸術家、作家、デザイナーの交流があったことが推察できる。

心斎橋筋が育くんだアート・ムーブメントで、注目すべきもうひとつの事績は商業美術の近代化への貢献である。大正から昭和初期にかけて、

百貨店宣伝部

大阪では東京と対抗するかのように、先鋭かつ独特のあくの強さをもつ商業美術運動が興隆した。たとえば大正一五年に設立された「商業美術家協会」は、絵画、彫刻、工芸とは別に商業美術の自立を高らかに謳った大阪生まれの集団である。

とりわけ大阪の百貨店は、商業美術の分野においても、全国から注目される才能を続々と輩出した。一例が高島屋宣伝部に所属し、ポスターや新聞広告の斬新なカット画で新境地を開いた高岡徳太郎である。徳太郎は、はじめ松原天彩の画塾から出発して本郷洋画研究所に学ぶ。しかし震災で焼け出され関西に居を移す。小出楢重《こいでならしげ》に師事しつつ、高島屋に

籍を置いたのは大正一五年のことであった。以後、彼は精力的に話題となるポスターや新聞広告作品を制作、商業美術の質的な向上に尽力しつつ、社会的な発言をもなしてゆく。雑誌『広告界』昭和六年六月号のインタビューで、徳太郎は自身の「作家的立場」を、「ポスターの使命として民衆と密接な交渉をもつべきだ。それだのに、今日多くのポスターは、どれだけ民衆に交渉をもっているのだ。僕はポスターをして、第二の言葉、第三の言葉も語らせたいと思っている」（現代仮名遣いに変更）と述べている。

ここでいう「第二の言葉」「第三の言葉」の真意ははかりかねる。あえて推察すると、おそらくは商品やイベントを告知するというポスターの機能以上に、なんらかのメッセージを伝えるべきだという認識なのだろう。担当記者はこのあたりに「商業美術の本質的観察」を発見し、「第二第三の言葉は作家と民衆の魂の触れるところ」と評している。ちょうど同時期、商業美術家たちのあいだでかわされていた、プロレタリアのためのアートをいかになすべきかという議論を反映するコメントであろう。

近代美術史における心斎橋筋

このように心斎橋筋に店を構え、呉服店から転じた各百貨店は、大阪における新しい美術・芸術のムーブメントを牽引した。いっぽう繁華な町筋には、当代一流の作家たちがたむろするカフェーやサロン、そして研究所が立地し、多くの芸術家の交わりをうながした。

付記するならば、そもそもこの界隈《かいわい》に画材屋や古美術店、書画骨董を扱う店が多かったという条件にも意を注いでおくべきだろう。古美術鑑定で著名であった丸亀呉服店の田村太兵衛、日本画家であり辛辣《しんらつ》な評論ものした播磨屋呉服店の岡田播陽なども店を構えていた。彼らに代表される文人、ないしは「文化の消費者」の層の厚みが、アーティストやデザイナーの活動を支えるためには不可欠であった。

こういった文化的な土壌があったからこそ、本義的には「商いの場」である心斎橋筋という商店街が、作家を育て、作品の流通をも支援するアート・マネージメントの現場となることが可能であった。画廊が集まり資生堂に代表される拠点を有した東京の銀座と同様に、心斎橋筋という商店街も日本の近代美術史にその名を刻印するべき重要な役割を担っていた。再評価の必要性を強調したいゆえんである。

カフェー

擬似西洋の空間

酒場のなかの西洋

都市における「物語空間」

いうまでもなく酒はコミュニケーションの道具であり、酒場や飲食店は異なる立場の人が時間を共有するコミュニケーションの場である。ならば酒場は、「物語」で充たされた「場」であるといってもよいだろう。一人一人がおのおのの「物語」を伝えあい、そこで新たな「物語」を生成し、共有しているのだ。

もちろんその環境にあっても「物語性」が強調されている。店のつくり、インテリア、スタッフのコスチューム、そのほかさまざまな演出にいたるまで、日常とは異なる「背景」が、あたかも芝居の「かきわり」か舞台装置のごとく用意されている。たとえば居酒屋は民家のごとき内装をほどこした店舗をつくり、私たちが理解しやすい「田舎」「故郷」の文物で埋めつくす。イタリア料理屋はイタリア風に、英国風のバーはかの国の伝統を意識しつつ、それらしいしつらいを用意する。

このように考えるならば飲食店の集積である盛り場もまた、都市における「物語空間」である。身近な場所にあって、「別世界」を簡単に体感できる装置群が用意されている。もちろん盛り場で語られる「物語」は「田舎」や「異国」だけではない。東京の渋谷やアメリカ村では、最先端のファッションにかかわる「物語」で充たされている。いっぽう東京の新橋や上野、大阪の法善寺横丁などでは、くつろぎや郷愁にかんする「物語」を、街のありようから読みとることも可能だろう。

その「物語」が、人々の成長をもうながす。盛り場は、環境演出、人々のコミュニケーション実践の総体として認知できる空間である。私たちは若いころから少しずつ、盛り場という「身近な別世界」にあって、さまざまな他者と出あい、人混みにあって雑多なにぎわいに触れ、簡易で擬似的な異文化体験を重ねてきた。盛り場はまた人間として成長するうえで、さまざまな経験を積む社会教育の現場でもある。

西洋と出会える場所

もちろんこのような状況は、都市化の過程で生まれてきたものに違いない。テーマパークに代表される今日の「劇場型消費空間」が、外国を擬似体験する場であるのと同様に、酒場は私たちが西洋の文物にふれる契機を提供していた。ここでは日本における酒場、バーやカフェーの変遷を眺めながら、交流の「場」である酒場にみる「異国」の意義について、再考していきたいと思う。

わが国で、「洋酒酒場」としてのバーが登場したのは、明治初年(一八六八)のこととするのが定説である。元祖と言ってよい店が、銀座尾張町西側にあった「函館屋」である。山本笑月の『明治世相百話』には「間口三間の店に細長いスタンド、左右の棚には奥までいっぱいの洋酒の瓶、……まず高級のバーであった」とある。

いっぽうバーという名前を屋号に掲げた最初は、「電気ブラン」で著名な浅草花川戸の「神谷バー」であろう。創業は明治一三年(一八八〇)の春、愛知県出身の神谷伝兵衛なる人物が、東京、浅草広小路の吾妻橋《あずまばし》寄りに一四坪の三河屋銘酒店を開業させた。単なる小売店ではなく、店先で洋酒を杯についで客に飲ませたらしい。

少年時代に故郷を出奔した伝兵衛は、流れ着いた横浜の外国人居留地の洋酒醸造の現場で働いた。過労で倒れた彼に、雇い主が飲ませてくれたワインが回復に役立った経験から、自分で葡萄酒《ぶどうしゅ》を造る夢をいだく。だからであろう、伝兵衛は、酒ではなく薬品として売り出そうと考える。苦味や渋味のあるワインは、日本人の味覚にはなかなかなじめそうにないと思えたからだ。滋養強壮に効き目のある外来酒という名目で、輸入葡萄酒に味つけを施した「蜂印香竄葡萄酒」を販売し成功する。商標は明治一九年に登録されており、「香竄」というブランド名は父の俳号から取ったものという。

薬品として洋酒を宣伝するという発想は、ブランデーを販売するさいにも用いられた。伝兵衛は東京でコレラが流行したさいに、みずからが試作したブランデーを伝染病の予防や消毒に有益であるという評判をつくり大儲けしたのだ。この方法論が、のちに葡萄酒を日本人向けにアレンジした擬似洋酒「電気ブランデー」、略して「電気ブラン」の発明に活かされることになる。

もっとも彼が販売したものは、葡萄酒に濃厚に甘みを添加したものであって、ワインとはいえない。彼のブランデーも廉価な輸入酒精に味をつけた熟成のないいわば速成の酒であった。神谷バーで提供された飲料は、明らかに日本化がなされていた。しかし、いかに〝まがいもの〟であったとしても、消費者の立場にしてみれば、それは明らかに「日本の酒」ではない「西洋風の酒」、つまりは「洋酒」であった。

酒だけではない。店のありようにも、「にせものの西洋」が演出された。神谷バーの例でいえば、開店から一二年後、つまり明治二五年（一八九二）になって、隣接地を買収し西洋風の工場を建築する。赤煉瓦造《あかれんがづくり》二階建て、アーチをなす玄関や高い煙突が特徴的であった。

疑似西洋の空間

諸外国の葡萄園や醸造施設を視察した伝兵衛は、経験を活かしてさらに本格的な洋風店舗を建設する。耐火煉瓦造でガラス扉の店構えは、官庁か銀行を思わす風格があり、また整然と並んだテーブルは大理石製であったという。それまでの庶民的な酒場とは、明らかに異なる豪華、かつ西洋風の店舗であった。しかし雰囲気は、きわめて開放的で身分や階級の差がなく、誰もが洋酒に親しむことができたという（神山圭介『浅草の百年・神谷バーと浅草の人々』踏青社、一九八九年）。

この店だけの独自のルールもあった。「酒杯の交換を禁じる旨の貼り紙」があり、日本の伝統ともいえる献杯を廃していた。またテーブルに穴があけてあり、まず着席した場合には「いらっしゃい」の文字を用意、酒を注文するたびに「1」「2」「3」と空けた杯の数が表示される仕組みがあった。キャッシュ・オン・デリバリーまでとはいかないが、それまではありえなかった合理的なシステムである。

このような仕組みを伝兵衛や養子の伝三が異国で見聞したのかどうかは定かではない。しかし店のありようも、明らかに「日本的」ではない。本物かにせものかはさておき、盛り場に出現した新しい酒場という空間で、人々はつかのまの「西洋」を体験していたのだ。

やがて同様に「西洋」を感じさせる店舗が、続々と盛り場に現れる。一例がビアホールである。東京にあっては明治三二年、銀座の新橋寄りに開店した「恵比寿ビヤホール」が先駆《さきがけ》であろう。建築家妻木頼廣《よりたか》の設計になる当時としてはモダンな煉瓦造の店構えであった。ちなみに大阪における最初のビヤホールは、明治四三年（一九一〇）ごろ、南海電車が直営していた「南海食堂」とならんで開業した「アサヒビヤホール」であるという。ここでは「食堂掛《がかり》」と称し、黒い制服に白いエプロン姿の女性たちが人気を集めていた（片山三七夫『大阪歓楽街史』社交街新聞社、一九五二年）。

カフェーの誕生

擬似的な西洋体験の機会を提供したという点では、カフェーも同様であろう。盛り場のルポルタージュなどで知られる村島帰之《のりゆき》は、昭和初期のカフェーを、珈琲《コーヒー》販売を主とする「純粋カフェー」、菓子販売を主とする「ベーカリー」、清涼飲料水販売を主体とする「ソーダ・ファウンテン」、西洋料理を提供する「レストラント」、飲食のほかに余興を用意する「キャバレー」の五種類に区分している。幅広い概念であったことがわかる（『歓楽王宮のカフェー』昭和四年）。

サロンとしてのカフェー

従来、日本で最初に「カフェー」と名乗った店は、明治四四年（一九一一）三月に開業した銀座の「カフェー・プランタン」であるとされてきた。しかしその一年ほど前、大阪の川口に「カフェー・キサラギ」が開店していたことが知られている。おおよそ東西二都にあって、同時期にカフェーという業態が誕生したとみたほうが正確であろう。実際、まもなく東京では尾張町に「カフェ・ライオン」「カフェ・タイガー」などが、大阪でも明治四四年には新世界に「カフェー・ミカド」というように、あいついで同業の店が営業をはじめている。

カフェーは文化人たちのサロンとなった。「カフェー・プランタン」の創業者は画家の松山省三であり、命名は演劇界の大御所小山内薫《おさないかおる》であった。名簿には作家の森鷗外《おうがい》、岡本綺堂《きどう》、坪内逍遥《しょうよう》、画家の黒田清輝《せいき》や岡田三郎助《さぶろうすけ》の名があるという。また松井須磨子《すまこ》などの役者もここに集ったようだ。

大阪の「カフェー・キサラギ」も同様であった。プライム会という集いが生まれ、小出楢重《ならしげ》や鍋井克之、足立源一郎といった洋画家、彫刻家今戸精司、食満南北などの作家・文人が月に一度の例会で杯を交わし、談義に花を咲かせた。この店から巣立った仲間という想いが強かったのであろう、彼らは後年も「キサラギ会」という店名にちなむ交流会を継続している。

日本で最初の「カフェー・キサラギ」があった川口は、維新後に開かれた外国人居留地である。神戸との競合によって、のちに中国系の住民が増えるが、建物や風景に異国の情緒が色濃く漂っていた。往時の風物は「ガス燈のほの暗くついているアカシアの並木道を歩きまわり、古風な伊太利《イタリア》風の辻堂のような教会堂、聖バルバナ病院の古びた建物や川に遠く聞へて来る汽船の汽笛等に、府庁の大円屋根を夜空に仰いでヴェニスの大寺院に比したりして、少年らしいエキゾチックな感傷に浸った」と回顧されている（寺川信「大阪カフェ源流考」『上方』二七号、昭和八年）。

旗のカフェー　「キャバレー・ド・パノン」、愛称「旗の酒場」は道頓堀中座《どうとんぼりなかざ》の真向かいにあった。「パノン」とは旗指物《はたさしもの》の意味で、興行街である道頓堀の「のぼり」「旗」を意識した足立源一郎の命名という。

入口にコウノトリのランタンをつけた木造三階建て、表の三角屋根が目印であった。ステンドグラスの窓があり、ピンク色の壁には油彩画やビアズレーのサロメの版画などを飾っていた。ストーブ、ピンク色の足のテーブル、黒い椅子はセセッション風のデザインであった。五種類の色違いの酒を杯についだ「五色の酒」が名物であり、「女ボーイ」と呼ばれたウェートレスが働いていた。

「カフェー・キサラギ」のあとを受けるかたちで、「旗の酒場」が大阪における文化サロンとなった。鶴丸梅太郎、百田宗治、住田良三、鍋井克之、宇野浩二、小林一三《いちぞう》、大林芳五郎、初代桂春団次など、著名な文化人、財界人、芸能人がしばしば利用した。このほか若い建築家や新聞記者、弁護士なども参集した。

『上方』昭和一四年五月号に洋画家鶴丸梅太郎が「『旗の酒場』時代」と題する回想文をよせている。そこでは東京の芸術家たちが「カフェー鴻の巣」に集って「新鋭の気」をあげていたころ、大阪では「西洋料理店如月《きさらぎ》」を「カフェー・キサラギ」と称して、「プライム会」という集まりを毎月のようにもち、「大いに郷土の芸術の士を集めて、パーティーを拓き」、大いに気を吐いて夜遅くまで歓談したと書かれている。やがて彼らは「新感覚をもったつつましやかな倶楽部」という印象の「旗の酒場」に拠点をうつした。ここにもよく芸術家たちが集まり、東京からきた文士や画家もホテルへ泊まる前にまずここに腰を落ちつけたという。

あたかもパリの先例がそうであるように、初期のカフェーは、最先端の流行と文化を支える芸術家や作家たち、そして彼らに憧れる若者たちが集まる「文化的な溜まり場」として成立した。また大阪のカフェーは、東京から来阪する著名な画家、文士をもてなす場所にもなっていたわけだ。

明らかに外来文化の窓口となっていた酒場でも、時代の要請に応じて、しばしばそれをジャパナイズ、つまりは日本化することもあった。

外来文化と伝統文化

たとえばいかに洋酒を飲んでいても、肴《さかな》は和風を好む人が少なくなかったという。「神谷バー」では湯豆腐がメニューにあった。また「恵比寿ビヤホール」では、開業当初、まったくドイツ風に大根の薄切りを提供したが、あまりに評判が悪く、まもなく佃煮《つくだに》に変更したという。食文化に限ってみても、酒場は文化移植と文化混合の現場という役割を担っていたということができるだろう。

また歌舞伎や寄席の小屋が並ぶ近世以来の芝居町道頓堀にも、西洋の文物であるカフェーが開業する。大正二年、浪花《なにわ》座の東隣に「パウリスタ」が店を構えたのだ。店は洋風であったが、ここは古典を重んじる「大阪文芸同好会」の例会の場となり、文楽研究家として知られる木谷蓬吟《ほうぎん》をはじめ、國枝史郎、石丸梅外、土屋光、坪内士行《しこう》などが集まった。千日前《せんにちまえ》にあった「カフェナンバ」は、作家宇野浩二や著名な俳人たちの溜まり場となった。カフェーは伝統文化の価値を再確認する場としても機能していたことがわかる。

カフェーの近代化

昭和四年（一九二九）、日本建築協会の機関誌『建築と社会』三月号は「レストランとカフェー号」と銘打ち、カフェー建築の特集を組んでいる。そこに「看板から見たカフェー」という三葉のイラストがある。大阪の梅田界隈《かいわい》、大阪駅から桜橋近傍で目にする洋食堂やカフェーの広告・看板を紹介するものである。

カフェーの多様化

説明文が洒脱《しゃだつ》だ。「カフェーとは西洋式に行くに限ると思ったら大間違い、すき焼き、天丼、肉うどん、和洋小鉢物等々、デパート式を標榜したものさえある。決して憤慨するにも及びません。カフェーの国際化です」と書いてある。もっとも、うどん屋が看板を塗り替え、カツレツのひとつでもつくれば「（洋）食堂」と名乗ってさしつかえがない、という程度の店もあったようだ。

昭和になるとカフェーは、日本的な酒場としてますます独自の展開を見る。カフェーが歓楽街における酒場の形態として、全盛期を迎えるのだ。ひとつには、営業形態の多様化があり、なかでも大衆化傾向が顕著であった。またいっぽうで女給を置いてサービスする「風俗営業」という側面が強まった結果、一部で取締りの対象になる。

そもそもカフェないしはカフェーは珈琲《コーヒー》から転じた言葉である。ただその業態は、珈琲を提供するだけではない。珈琲店やミルクホールなどが喫茶店に転じたのに対して、料理店がカフェーに進化する傾向があった。実際、のちに大阪を代表する「大カフェー」となる「赤玉」「ユニオン」「有明」なども、当初は「赤玉食堂」「ユニオン食堂」「有明食堂」と名乗っていた。もちろんその過程で、食べるところというよりも、酒を飲む場所という意味あいが強まる。昭和初期には、新興の酒であるビールが日本酒に代わって主役になった。またカフェーでは女給と呼ばれる女性が接待をする役割を担うようになるが、その起源も西洋料理店のウェートレスにあるのではないか。

図６　看板から見たカフェー(１)（『建築と社会』昭和４年３月号）

図７　看板から見たカフェー(２)（同）

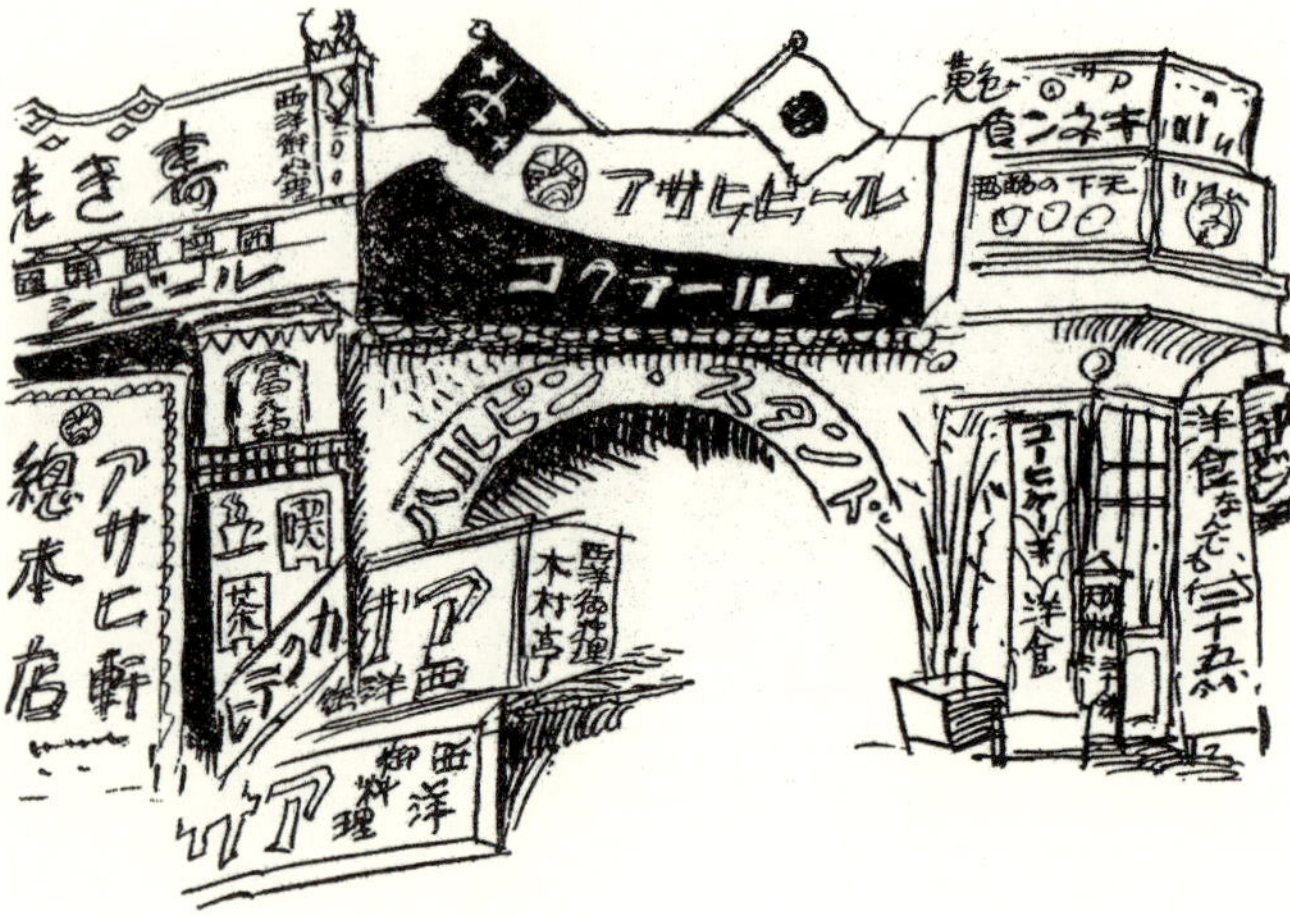

図８　看板から見たカフェー（３）（同）

カフェー経営の近代化

当時のカフェーは、まず大阪においては合理化と近代化がなされる。その転換を従来は、「エロ」という言葉を用いて形容することが多かったが、その内実にある合理化にも、あらためて着目するべきだろう。

『大阪歓楽街史』（社交街新聞社、一九五一年）に、そのあたりの事情が詳しい。大正五年、ブラジル帰りのある経営者が、店に女給を置き香り高い珈琲と洋食を提供する「カフェーサンライス」を経営していた。この店のありようを見た小堀勝蔵という人物が、三越百貨店食品部から森本耐三を引き抜いて、千日前・楽天地の西側に「カフェーユニオン」を設ける。小堀は自分のことをマスター、森本をマネージャーと女給に呼ばせるようにした。はじめての試みであったという。

ふたりは次々と新機軸を打ち出す。第一に女給に錦紗《きんしゃ》の着物を着せたこと、第二にレコードに加えてジャズバンドをはじめて店内に置いたこと、第三は森本が開店前に女給相手に接客の心得を説いたこと（今日でいう「点呼」事始め）、第四は「メンバー」と称する案内係の男性を置いたことである。

店内に案内係を配置するというアイディアは、すでに三越にあって森本が実践していた方法である。呉服店・百貨店で試行した手法を飲食業に応用したわけだ。さらに小堀は当局に申請して、店の二階をダンスホールとする。経営の近代化と、カフェーとダンスホールの複合化がおおいにあたった。以後、大阪で同様のスタイルをとる数多くのカフェーが誕生したという。

熊谷奉文『大阪社交業界戦前史』（大阪社交タイムス社、一九八一年）では、昭和五年の大阪府下のカフェー総数を三六〇〇軒、女給は一万三〇〇〇人と紹介している。またジャーナリスト村島帰之の調査を引いて、大阪を代表する歓楽地ミナミだけで三八軒のカフェーがあったと指摘する。軒数は多いとはいえないが、働いている女給の数は昭和四年で一二六四人、五年では一八五五人と、一年間で六九一名の増加をみている。

この界隈に規模の大きな店が集中していたこと、そしてこの昭和五年前後にカフェー業界の飛躍があったことがうかがえる。実際、かつて道頓堀の芝居町に五座の櫓《やぐら》があったように、ミナミには道頓堀に「赤玉」「ユニオン」、戎橋北詰《えびすばしきたづめ》に「美人座」「日輪」、心斎橋に「高橋」という「五大キャバレー」が競い合っていた。

大阪のカフェーの「東京侵略」

さて、よく知られるように、関東大震災ののち、カフェーは女給のサービスを売り物に風俗営業色を強める。とりわけエロチックなサービスを全面に押し出す大阪資本のカフェーが東京にも進出し盛り場を席巻する。志の高い表現者たちと、そのフォロワーたちが意見を交え、モダニズムの文化を産み出す孵化器《ふかき》となっていた初期のカフェーとは、まるで異なる酒場のありようが誕生する。

不景気風が吹き荒れていた昭和五年、雑誌『改造』一二月号に、石濱金作は「大阪カフェの東京侵略」という一文を寄せている。当時のカフェーのありようがわかるとともに、なかなか面白い分析がある。それによれば、ちょうどこの年、「美人座」「日輪」など、大阪でも著名なカフェーが東京銀座、とりわけ尾張町から京橋のあたりに支店を設けて成功し、「相当センセイション」をおこしつつあるというのだ。また今のところ銀座界隈《かいわい》だけに限った展開だが「特殊な銀座文化の空気」をつくり出すかもしれないし、またやがては新宿、浅草と展開するに違いないという予測をする。

石濱は、これら大阪流のカフェーの規模の大きさに着目し、「大カフェ」と総称した。それぞれかなりの資本を用意し、広いスペースを確保する点に特徴がある。たとえば新橋から銀座一丁目に店を移した「美人座」や京橋の「日輪」では、ともに五〇人ほどの女給を雇用していた。年末に向けて開店準備をしている大阪系の「赤玉」は、資本金五〇万円、月収二〇〇円というふれこみで女給を三〇〇人も募集している。

のんきで気易く大衆的

またシステムが大衆的で気易く、のんきである点も、東京の先例とは異なる。女給になじみの客をつくらせないこともそのひとつという。常連でない客も、不愉快な目に遭わない点が大切だとする客本位の発想である。たとえば「美人座」では、客と女給が個人的な交渉をしないようにとの配慮から、半月ごとに東京と大阪の店のスタッフを交代させていた。

店舗のつくりも開放的で明るい。多くの女給がズラリと入口にならび、誰彼の区別なく愛想をふりまいて客を迎える。なかに入ると広々と全体が一望できる。にぎやかな「高声蓄音機」の音楽のもと、五〇人以上の美しい女給の動きを眺めながら、大勢の客が気軽に割合安い酒を飲み、料理を食べている。

もちろん東京にも、「タイガー」や「ライオン」など比較的大きなカフェーはあった。しかし大阪系の業者に客を奪われ昔日の面影はない。石濱の見立てでは、店の様子も女給の気位も、「へんにブルジョア臭く金権的で物々し」く、「なんとなく封建的な臭いさえしていた」とまで断じる。老舗《しにせ》である「タイガー」も「威張っているうちに、いつのまにか身売り」してしまったとある。石濱は次のように論じている。

陰鬱《いんうつ》なバーや、前のタイガーなどの、へんにブルジョア的な金権主義に比べて、たしかに大衆的で現代的で明るい。大阪流に入口の所で、誰々さーんと女給の番の名を呼ぶのも、客にとってはかえって気易く、のんきで近づき易いのかも知れない。

さらに石濱は、大阪流のカフェーを、従来、銀座文化を醸造する場であったバーと比べている。元来、バーに酒だけを飲みに行く客は絶無であったと断定する。彼はバーという場所を、客と女給との「自由会合所」だと規定する。

百貨店式の大カフェー

それぞれの女給が自分についてくれるなじみの客をもっていて、個人的な興味についてなんらかの「交渉」をそこでしている。酒や肴はその余滴、つまり副次的なものにすぎない、とする。店としても「個人としての女給」が主である。だからこそたくさん客がついた女給は、ずいぶんとわがままもきく。だからバーという営業形態の「色彩」は「恋愛的であり、それでなければ色情的であって、従って、その空気は個人主義的、秘密主義的で、照明の工夫といい、座席の具合といい、皆ちゃんとそういう傾向に適してつくられている」と述べている。

対して大阪流の「大カフェ」は「根本的に資本主義的」であるという。女給は店に雇われた被使用人である。だからこそ客側からみれば気易く、のんきに楽しめるということになるのだろう。石濱は大資本をもって大勢の女給を擁し、比較的のんきで明るいこれら大阪流の営業形態を「百貨店式の大カフェ」、あるいは「高級スダ町食堂」と呼んでいる。的確な指摘だと思う。

大阪流カフェーの合理性

「美人座」の店主糸長菊雄は、『中外財界』昭和六年五月一五日号に、「カッフエー経営内輪話　どうして大阪エロは進出した？」という文章を寄せている。

美人座経営者

元来、わが国のカツフエーは、東京において発達し、基礎をつくられたもので、少くとも、震災前までは、東京のカツフエーは、大阪その他の大都市のそれを凌いでいた。しかし、その当時は主として学生を相手とするもので、既にいろいろな意味で、世間の注意には上がつていたけれども、今日のようにやかましくいはれるようになつたのは、一つに大阪における一大発展によるものと思はれる。

ただこの発展は、大阪においてダンスホールの営業が禁止された影響を受けていることを確認しておきたい。大阪ではダンスホールの要素を採り入れることで、カフェーが独自の業態に発展したわけである。糸長の叙述では「現在東京銀座における大阪系のカツフエーは『美人座』『銀座会館』および『日輪』の三軒に過ぎないが、この三軒で東京のカツフエー三四十軒と優に対抗している」とあり、その成功の内実を以下のように整理している。

従来、東京では女給がすべて立ったまま酌をしていた。ところが大阪式では女給が坐ってサービスをする。また東京では女給が店の掃除をしていた。しかし大阪では「女給は唯一の看板であり、売り物である。……お客の前のあられもない風体で掃除をさせるなどは、僅かな費用を惜しんで大切なお客様を逃がすことである。大阪式のカツフエーでは、掃除は一切専任の男にやらしているということも、お客様に好感を持たれた原因ではないか」と述べている。また大阪系の店では来客があればすぐに女給の名を呼んで接客させる。東京ではそうではなく、女給がずいぶん客を待たせたり、はなはだしい場合、客を選《え》り好みをして互いに譲り合うこともあった。しかし大阪式では女給の順番を厳重に決めて、選り好みなどできないようにした。

店の構造も異なった。東京ではボックス型に小さく区切って全体を見えないようにしていた。大阪では店全体を見渡せるようにした。そうすることで、店に入った客が先客が愉快に騒いでいるのを確認し、「そそられる」ということがあるという。

遊び方も異なる。大阪の客は経済的で、少々馬鹿にされても金をできるだけ使わずに遊ぼうとする人が少なくない。女給についても、大阪の女給は金を持っていそうな客に目をつけるが、東京では若い男や美男を大切にする傾向があるという。

経営の合理化も重要である。大阪系のカフェでは女給の「操縦策」として、収入の平均化をはかり、各女給の待遇を表面だけでも公平にすること、水商売ではあるが「事業として経営すること」を強調し、料理代に高い利益をかけることなどを改め、また女給の教養を高めることも必要だとしている。

全国への影響

大阪流のカフェーが刺激を及ぼしたのは、帝都東京だけではなかった。たとえば京都である。『カフェー雑誌　青灯街』（青灯社）の創刊号（昭和六年六月）を開くと、業界の現状と将来について、多くの意見が寄せられている。

ある人は「時代は躍進する。時代の感覚はますます尖鋭化して行く。明日の時代へ今日のカフェーは何を暗示する？　現在カフェー制度の打破改革、カフェーの大資本化。而《しか》して、カフェーの実業化。等々の叫びは、時代の尖端的感覚を把握する明日のカフェー黄金時代への礎石に他ならぬ」と述べている。

また高尾史朗が寄せた「京都カフェー界展望」では、京都のカフェー界は「行詰まった」という認識を示しつつ、だからといって局面を打開するべく新機軸を見出しているかというとそうでもないと述べている。唯一、顕著なのが「大阪カフェーの進出と大阪イズムの流入」であったとみる。実際、大阪のカフェーの京都進出は、東京のようには進展をみなかった。業界に相当の「興奮剤」をもたらしたが、土地柄の差異、客筋の相違からくる「楽観的批判」があって、さほどたいした渦紋を示すにはいたらなかった。

しかし「大阪イズム」は、旧来のカフェーを洛中から一掃したという。各店の外観、内部装飾、女給のサービスや衣装も向上した。カフェーの「様式」を「モダン化」したというのだ。また「大レストラン」は大阪色を取り入れ、カフェー化をはかった。河原町には「中流カフェー」が「カフェー街」をかたちづくる。やがては京都にも、東京・大阪のような「大カフェー」が、あまた現出するだろうと予測している。

高級大衆食堂的「酒場」

なぜこの時期に、大阪流の「大カフェ」が全国の歓楽街を席巻したのか。前節で紹介した文章において石濱は「社会の状勢」が根本にあると指摘する。また酒よりも女給を主とするバーは「有閑的な存在」であり、けっして「尖端的」ではないと指摘する。一軒に来る客の数は限られる。客の年齢も「階級」も限定される。

景気のいいときなら、「一種なまぬるいもどかしい存在」である女給に興味をもつにしても、不景気な時世にはあわない。バーで毎日、女給と恋をしたり遊んでいたりする気風がなくなった。そんな面倒なことよりも、広くにぎやかで明るい場所で、パッと騒いでサッと引きあげる方がのんきで便利である。しかしバーでは常連以外は面白くない。それに対して、大阪流の「大カフェ」は誰もがそれなりに楽しめるのだ。

石濱は東京の資本も、大阪流の大衆化した酒場を経営するようになると予測していた。東京資本でも、たとえば「ゴンドラ」など「ある意味で大阪式」を有している店の経営は順調である。そのうえで大阪資本と東京資本が、同じような大衆的な営業を競うはざまで、小資本の店が倒れていくであろう図式を予測している。

ウルトラ・エログロ？

昭和四年から五、六年にかけて、大阪流の酒場、大阪流のカフェーが、東京をはじめ全国の歓楽街で大衆の支持を得た。そのありようを当時流行の言葉を用いて、「ウルトラ・エロ」「エログロ」などと回顧する指摘が多い。たしかに「キッス進呈」「処女のほこりを提供します」などのコピー、「白い二股大根に松茸をあしらった広告」などを掲出して摘発された店が大阪にあるという（前掲『カフェー雑誌　青灯街』昭和六年六月）。

道頓堀の「赤玉」では、専属のダンサーを養成し裸踊りのステージショーを上演した。さらには実際、「エロカフェー」と呼ばれる店も大阪に現れた。女給の身体に触れさせるほか、「潮干狩」「観艦式」「玉子割」などと銘打った、いかがわしいサービスを行い、法外な値段で暴利をむさぼった店もある。このように大阪流のカフェーの形容として、「エログロ」という形容がつきまとうようになる。

東京に進出した場合も同様のサービスが伴なった。昭和五年（一九三〇）に開店した「銀座会館」は、「赤玉」の榎本正が東京に設けた大箱である。ここでも「赤玉ダンスショー」が話題となった。全国的な傾向として、女給のエロチックなサービスを売り物とするカフェーが増加し、大阪はその本場とみなされていたということだろう。

しかしその初期状況を見るならば、「エログロ」などというものは、大阪流カフェー経営にあっては本質ではない。むしろ不況下にあって、資本主義の原則にのっとって、より大きな箱に大勢の女給を配置する経営形態を導入し、一般的な「酒場」におけるサービスの水準を高めつつ大衆化したという面が強いのではないか。

カフェーのメディアイベント

また大阪のカフェー経営者は、広告やイベント展開なども、実に巧みであった。『広告界』の昭和六年二月号では、大阪のカフェーが広告表現の「尖端」にあって、「どうしたならば人をアッといわせるか、人をひきつけることができるかを絶えず考えている」ことを紹介している。

たとえば「赤玉」は、大阪日々新聞社が主催する「水都祭」に長さ一八間・幅三間（約三二・七×五・五メートル）の船を用意、水上舞台にしつらえジャズバンドと専属ダンサーを乗せて市内の河川を巡航させた。打ちあげ花火を背景に、道頓堀から中之島にいたる川筋をダンサーを乗せた船が走るわけだから話題にならないわけがない。また電鉄会社や新聞社が催すありとあらゆるイベントに、専属の「キャバレー・ダンス」のチームを貸し出すこともいとわなかったという。

各店も話題となりそうなことは、なんでも試みた。女給にスラム街を訪ねさせ慰問品を配ることもあった。有名人を「女給監督」として東京から呼び寄せた時には、女給数十名に旗をもたせて大阪駅まで行進、交通妨害で警察に捕まった店もある。中学校の教師に舞台でサックスを吹かせ、教育問題として議論がおこった。当時としては大金である五〇〇円のチップをもらったことでマスコミの寵児となった大連《だいれん》（中国遼寧省）の女給を大阪に招聘《しょうへい》した例もある。電送写真ができるやいなや女給の写真を東京へ送ってみる、女給を飛行機に乗せてみる、いずれもマスメディアに取り上げられることを前提に試みた宣伝事業だという。

大阪流のカフェーは「エロ」「グロ」といった形容だけで説明できるものではない。とりわけその先達たちの経営戦略は実に合理的であり、信念のもとに構築されたものであった。文士などの溜まり場であった「西洋風の酒場」をたくみに換骨奪胎し、飲酒を媒介とした日本的なコミュニケーション空間のありようを呈示したものとして評価できるのではないだろうか。

百貨店

高層化する複合商業施設

空想科学的未来都市

高層家屋と空中往来

大正時代の科学者は未来の都市を、いかに予測していたのか。一例を示しておこう。大正七年（一九一八）、理学博士横山又次郎は『世界奇聞　智識の庫』（早稲田大学出版部）なる本を著している。著者横山は「未来の都《と》邑《ゆう》」と題する第一章において、都市の変貌を予測する。まず第一には「人口がむやみに増える」という。人口の増加が、都市のありようをすっかり変貌させてしまうというのだ。

ひとつには、郊外まで家屋が占拠するようになり、「風流の田舎が殺風景の町となる」と指摘する。いっぽうで「人が多くなれば家屋が高くなる」とする。著者はニューヨークにあるハドソン鉄道会社の二二階建てビルを紹介、一棟のうちに一万人が住んでいると述

図9　未来の都邑（横山又次郎『世界奇聞 知識の庫』）

べる。これを人口二〇〇万の当時の東京市に適用すると、一五の区ごとに一三棟あれば事足りる。「一区に僅々十三棟の家とはなんだか変なようではありませんか」と述べている。

しかし未来にあっては、地面はいよいよ足らなくなり、家屋はしだいに高くなる。同時に「横幅縦」も大きくなる。高さ数千尺、数百階、「四角な形の山」のような家のなかに数十万人が暮らすことになると予測している。家屋が数百階建てになると、垂直方向に区分ができてくる。地面付近は商業地区の雑踏となり、塵埃黴菌《じんあいばいきん》などの多い「不健康地」となる。いっぽう上層は、夏は涼しく、空気も清潔で閑静なところとなる。未来の人々は、避暑や転地のために山や海浜へ出向くよりも高層階へ昇るだろう。屋上階は、バビロンの「空中園」も裸足で逃げ出すような、一面「大散歩地大遊園」と変じると予測している。

地下への想像力

同類の未来像は、いくらでもある。たとえば漫画雑誌『大阪パック』（大正一二年一月一五日号）には、「河上利用横断図」なるイラストが掲載されている。大阪市内を縦横に走っていた運河に蓋《ふた》がされ、地下と川面、そして人工地盤というように多層的な利用がなされているのだ。もちろん両岸は高層ビルが占めている。コメントに「都市の風致も物質的には敵せず、水上には道路が敷かれて両岸には大廈《たいか》高楼《こうろう》が櫛比《しっぴ》する。金一升が水一升にも当たって、地価の騰貴はいよいよ首肯せられる事となる」とある。

都市空間の高度利用は空中だけではなく、地下にも伸びてゆく。大正九年（一九二〇）、雑誌『日本及日本人』は、春期増刊として『百年後の日本』という特集号を世に出している。著名人二五〇名にアンケートを実施、未来予測を自由に書かせたものだ。なかに「百年後の東京市地下図」と称する一枚の挿絵がある。地下鉄のほか、電線や下水管など都市をささえる基盤が縦横に走り、地中を埋め尽くしているところが描かれている。

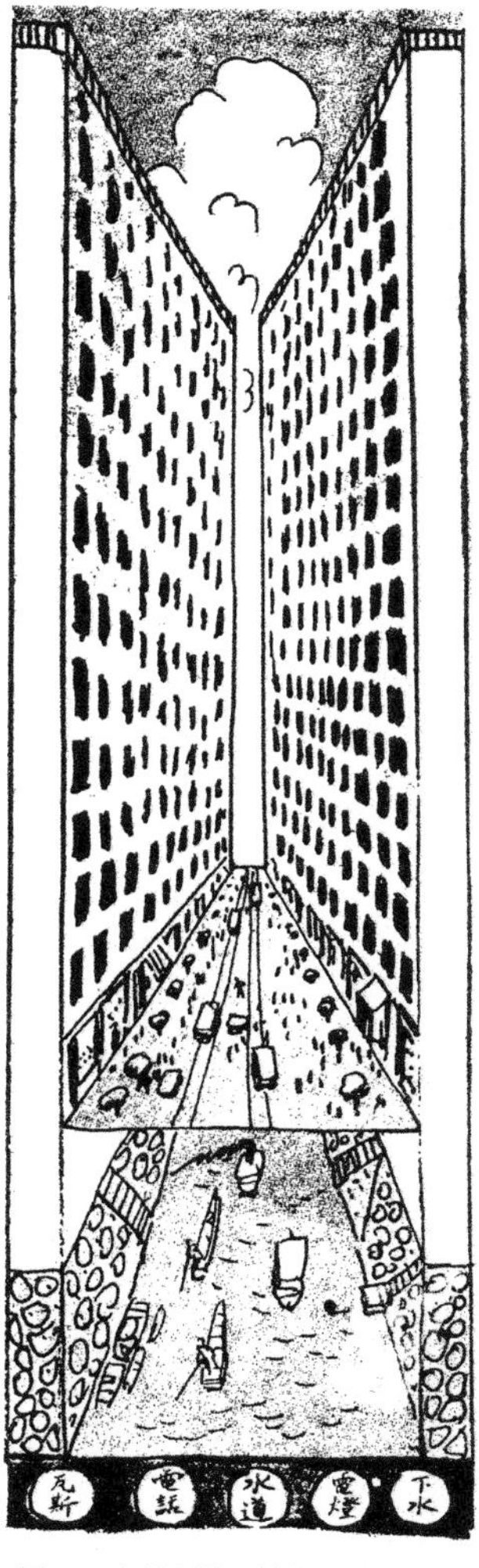

図10　河川利用横断図（『大阪パック』大正12年1月15日号）

地下の商業利用

地下鉄と地下街

高層化し地下を含めて生活空間が立体化するという傾向は、大正から昭和初期にかけて現実のものとなっていく。地下空間の商業化にかんする歴史を語るさい、嚆矢《こうし》としてしばしば例示されるのが上野駅地下道に誕生した「地下鉄ストア」であろう。その経緯については、たとえば地下鉄調査課長中島孝夫の「我が国初めの試み　地下鉄ストアの生れる迄」(『商店界』昭和五年六月号)に詳しい。それによれば、「交通機関の経営者は、単にお客さんの足となるだけではゆかぬ。それには利益本位の副業ではなし。お客に対し社会に対するサービス本位の副業を持たねばならぬ」という見識から食堂経営とストア経営を提案したという。それが東洋初の地下鉄ストアに結実

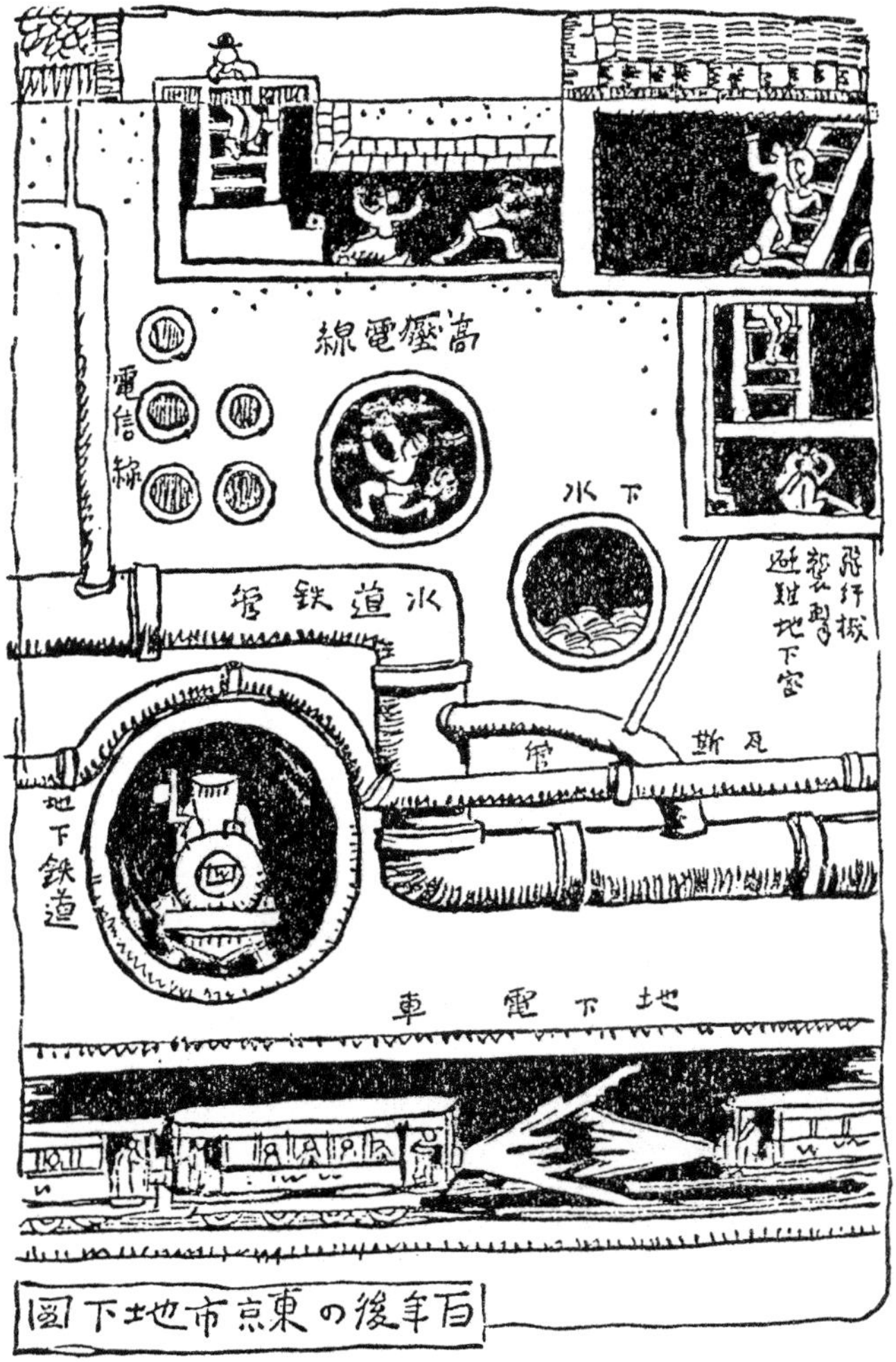

図11　百年後の東京市地下図（『日本及日本人』大正９年春期増刊号）

する。

中島を含む四名の準備委員は、昭和四年（一九二九）に日用品の消費動向と店舗の現状を把握するべく視察を実施している。まず関西におもむき、阪急が経営する百貨店を調査した。加えて首都圏の百貨店を研究する。営業品目の選定、店舗のありよう、製造元や問屋の内実、仕入れや販売方法の研究、従業員教育や広報宣伝などを学んでゆく。彼らにとってはまったく経験も知識もない分野であった。ただ「素人であるが為《ため》に因習もなく拘泥《こうでい》もなく、情弊にも囚われず、まったく新しい世界に新しいものを創造する快感に刺激せられて気持ちよく働けた」と中島は記している。かくして昭和五年四月一日、営業品目を日用雑貨に限り、かつ廉価販売を目的とする地下店舗が開業する。

地下街の美麗装飾

大阪においてはどうか。地下通路の創始は昭和三年四月、荷扱い所の地下を東西に抜いて、かつての梅北道路を復活させた佐藤町地下道であるとされる。また地下鉄御堂筋《みどうすじ》線が計画されたさい、難波《なんば》駅の地下構内に商店街を建設する計画があったと伝えるが、地元の反対で実現しなかったらしい。

地下街の名にふさわしい大都市の地下を占拠する商業空間の発展は、少しのちになる。大阪でいえば昭和一四年の阪神梅田地下駅、昭和一五年の大阪駅改築などを契機として、昭和一七年、地下鉄梅田駅、阪急デパートなどを連絡する地下道が完成する。当時の人に、この地下施設はどのように思えたのだろう。昭和一八年、北尾鐐之助はエッセイ「地下大阪」を発表している。一部を引用してみよう（『随筆大阪』錦城出版社収載）。

いったい、この地下広場は、どこまでが阪急電車の持場で、どこまでが地下鉄の持場で、又どこまでが阪神電車の持場なのだろう。そんなことを考えてみるのである。人の動きが、ここほど無秩序、無統制で、思いのまま勝手な方向に交錯しているところはない。一定の率動訓練がなくて右往左往しているところはない。柱や壁や天井に描かれた方向針や、指導標なども、勝手気儘《きまま》な方向につけられていて、一切がめちゃめちゃになっている。未完成の梅田地下街。おおよそ混沌たる通路は珍しい。

（略）地下大阪は無際限に延びようとしている。地下劇場、地下食堂、地下百貨店、そういう名称がいつかなくなって、大大阪全市が、いつの時代かそっくり地下にかくれ去るような世界が来ないともかぎらない。私は今から七、八年前上空大阪を書いて、都市の風貌美観が、横から、下から仰ぎ見るのみではなくて、上から瞰下《かんか》するによいよう、その頂部の装飾に留意しなければならなくなったことを説いたが、地下街の美麗装飾は、今後急速に研究されねばならぬ問題となりつつある（一部現代仮名遣いに変更)。

北尾は、駅の通路、百貨店の地下売場、地下通路が連絡しはじめ、ある種の「地下都市」をかたちづくる様子を目撃したのだ。彼が妄想するように大阪のすべてが、そっくり地下化することはさすがになかったが、「地下大阪は無際限に延びようとしている」という感想は、戦後そして今日の地下街の様子を予見するところだ。卓越した観察であったといえるのではないか。

ビルディングの流行

ビルディングの流行

商業施設は空へも伸びる。大阪にあって回顧するならば、おおよそ大正時代から昭和初期に注目するべきであろう。当時、「ビルディングの流行」とでもいえる現象が顕在化する。

ちょうど都市部への人口集中がさまざまな社会問題の原因となり、新たな都市計画が必要となった時期である。おりしも大正一四年、大阪は東成《ひがしなり》郡・西成郡に所属する四四の町を編入することで市域を拡張、人口も二一一万人に達し、「大大阪」という自称にふさわしい規模を有した。関東大震災の打撃から立ち直る途中にあった東京を追い越し、一時的にではあるが日本最大の都市となった。

もっとも昭和四年、アメリカ・ウォール街に端を発した世界恐慌《きょうこう》の余波で大阪は「六大都市」で最大の失業者数を記録する。しかし満州事変による軍需の増加と低為替による輸出の好調さゆえに、景気は回復に向かった。都市計画事業をすすめ緑地や住宅地の確保を唱えたにもかかわらず、大阪はますます過密の度合いを高め、昭和一五年には人口は三二五万人の巨大都市に成長している。

この時期に平面的な拡張だけではなく、「都市の立体化」が始まる。その初期状況は、大正一一年六月に刊行された「大阪のビルディング」(『大阪商工時報』第四二号)に詳しい。そこには「大阪市人口の膨張力は次第に市の平面的拡大となりて現れつつある」が、「地価貴く家屋櫛比せる中枢部に於いては自然の結果として茲《ここ》にその膨張の咆吼《ほうこう》を立体的に上へ上へと求め来たれり」と、貸事務所を主な用途とするビルディングが建築されるようになった時代背景を記している。

同報告書では、その契機として大正二年の秋に竣《しゅん》工《こう》した二件のビルディングに注目する。ひとつは一〇月、梅田新道交差点角にあった百三十銀行曾根崎支店が階上を事務所に貸し出した事例であり、もうひとつは一二月、北浜交差点に開業した大阪株式取引所附属館である。この二件を先例として、翌年には高麗橋《こうらいばし》の三井銀行に貸事務所が、四年には個人経営では最初の例となる安治川上通一丁目の「西垣貸事務所」など、さまざまな貸事務所ビルが営業を始めている。

複合化するビルディング

もっとも初期にあっては、二階建て・三階建て程度という低層の貸事務所専用ビルが主流であった。しかし間もなく、さらに床を重ねるオフィスビルが誕生する。たとえば大正一〇年には、大江ビルディング（五階建て）、北浜ビルディング（七階建て）、北浜野村ビルディング（八階建て）など、大規模な専用建築があいついで竣工している。先の報告が刊行された大正一一年の時点では、市内に総計三二ヵ所のオフィスビルを数えている。

貸ビルのなかには、単に事務所だけに使用したのではなく、たとえば大江ビルのように倶楽部などをテナントとして入居させる例もあった。さらには大正一二年七月に完成した堂島ビルディング（通称「堂ビル」）のように、店舗や文化施設などを取り込み、複数の機能を兼ね合わせる都市施設も出現する。

堂ビルは橋本汽船社長・橋本善造が経営した。高さ三三メートル、九階建てのモダンな外観は、梅田から中之島に至る梅田新道にあって、大通りが方向を若干南に振る地点にあったがゆえに重要なランドマークとなった。二三四室という部屋数も画期的であり、東京の「丸ビ

図12　堂島ビルディング

ル」と競い、かつ「大ビル」とともに大阪を代表するオフィスビルとして親しまれた。

堂ビルには、主要なテナントとして、三井銀行、大阪貯蓄銀行、山口銀行といった金融機関が入居、加えて森永のソーダファウンテン、堂島百貨店といった店舗があった。七階・八階および屋上庭園は堂島ホテルが借り受けた。また社交クラブ「清交社」、中山太陽堂、堂島洋裁学院なども入室しており、界隈には若い女性が多く行き交うようになったという。ちなみに関東大震災ののち大阪に戻った作家直《なお》木《き》三十五《さんじゆうご》は、川口松太郎らとともにこのビルの一室で『苦楽』『女性』などの雑誌を編集している。堂ビルは「女性文化」の情報発信拠点にもなっていた。人々はこの先例に、高層の事務所ビルディングは単なる建物ではなく、さまざまな人々を受け入れてくれる「小さな都市」であって、その存在が従来にない人の流れ、にぎわいを生み出す可能性を見てとったに違いない。

百貨店の誕生

呉服店から百貨店へ

ビルディングが流行した時期、地下店舗と高層店舗をとりこむ、時代を画する商業施設「百貨店」が登場する。嚆矢《こうし》となったのが東京三越呉服店の改革である。明治二八年（一八九五）、理事に就任した高橋義雄が、店員と客が直接相対しながら商品を売る、伝統的な「座売り」のあり方を見直し、陳列台に商品を展示して客が商品を選択する「陳列式」に販売方法を変える。同社は明治三七年（一九〇四）一月二日の『時事新報』に「当店販売の商品は今後一層其《その》種類を増加し凡《およ》そ衣服装飾に関する品目は一棟の下にて御用弁相成《ごようべんあいなり》候様施設致し結局米国に行はるるデパートメント・ストーアのいちぶを実現可致候事《いたすべくそうろうこと》」という広告を掲出している。

当時の三越呉服店は、主に着物や反物《たんもの》を扱う呉服店（越後屋）であった。当時は、着物や反物は高級品であって、大衆が呉服店で買い物をする習慣はなかった。そこで常識を打ち破る商法を打ち出す。それは、必要な分を必要なだけ切り売りし、急ぎの場合はその場で仕立て、売買は正札価格で現金取引をするという方法であった。

ありとあらゆる商品を陳列販売する百貨店の営業形態が、必然的に西洋風のビルディングを必要とした。営業形態の変容が、新しい建物の形式を生み出したという理解が可能だろう。また呉服屋が「百貨店というビルディングタイプ」を獲得するさい、いくつかの特徴をおのずと取り込んだという見方もできる。その第一が、先に述べた高層化の傾向である。たとえば東京では、白木屋《しろきや》が明治三六年に三層の店舗とし、さらに明治四四年、五層の高塔をそなえた和洋折衷《せっちゅう》の建物を設けている。さらに関東大震災を契機として、多くの百貨店が高層化を果たしていった。

デザインの面でも、洋風化の傾向がみられる。呉服店に由来する多くの百貨店は、明治末あたりから欧米流の店舗に改めるにあたって、売り場面積を大幅に増やした。それに応じて外観も、それまでの商家風のものから洋風に改築している例が多い。また欧米の百貨店を手本に店内に休憩所を設置し、エスカレーターやエレベーターを設置するなど、風格

図13　白木屋と堺筋の景観

のある都市施設を目指すようになった。

西洋館と土蔵造

大阪の呉服店にあって、他に先んじて建物の洋風化をすすめたのは、心斎橋の高島屋飯田呉服店である。高島屋の大阪進出は明治二〇年（一八八七）、仮事務所での営業に始まる。同三〇年には順慶町に出張所を設けている。さらに翌年、心斎橋の老舗丸亀屋呉服店を購入して大阪支店とし、本格的な事業展開を始めている。同支店では明治三八年以降、周辺の土地を買い入れてとりまとめた敷地に、木造二階一部三階建ての洋風店舗を増築する。さらに明治四〇年にかけて洋風店舗への改築をすすめた。この時期の写真を見ると、同店は木骨を見せる洋館造であったことがわかる。

いっぽう火災への懸念《けねん》から、柱や梁《はり》を漆喰《しっくい》で塗り込める新しいタイプの町家、いわゆる土蔵造を採択するところも現れる。その典型が心斎橋の十合、のちの「そごう《そごう》」である。明治三九年、十合は新しい事業計画を定める。まず旧店舗に接する土地を買収、さらには東京の白木屋・三越などの先例を視察し、土蔵造の新店舗建築を計画する。土蔵造は堅牢な耐火建築であって、しかも呉服店にふさわしい重厚さがあるという判断であった。明治四〇年四月に工事が始まる。設計・施工は竹中組、のちの竹中工務店が請け負った。建築面積三一七坪、二階建て、一部三階建てである。総工費は七万五〇〇〇円あまりであった。

このように先に土蔵造を選択したためだろうか、十合が洋風店舗に改めるのは結果的に他社に若干遅れる。大正七年一一月末、土蔵造の店舗の奥に、一年半の歳月と五〇万円の工費を費やして四階建ての洋館風新店舗を増築する。また既存の店も改装が施される。心斎橋筋の入口にはモダンなアーチ状の庇《ひさし》が、入口中央には新しく半円型のショーウインドーが設けられた。

隣接する大丸も、同時期に店舗の洋風化を行なう。大正六年、工費六〇万円をもって店舗拡張工事に着手、ヴォーリズ建築事務所の設計で翌七年に竣工した。外壁の赤煉瓦が特徴的な四階建て、延べ一二〇〇坪の洋館である。

高層化する百貨店

大正期になると、欧州の百貨店を手本に、日本の百貨店も店舗の拡張をはかり、多くの売場、さらにはホールや展示場など文化施設を合わせ持つ複合施設へと変化する。同時に必要とする床面積も増加、建築技術の進歩とあいまって、七階、一〇階と層を重ねるビルディングへと変貌をみせる。高層の商業空間へと進化したのだ。そのとき外観に選択されたのは、ルネッサンス様式やゴシック様式を基礎とした新古典様式であった。「ビルディング」という新しい都市建築をデザインするに際して、伝統的な建築様式が応用されたわけだ。

大阪の三越

大阪にあって、先鞭をつけたのが当時の目抜き通りである堺筋に面して建築された一連の百貨店である。たとえば三越の場合、堺筋への進出は早かった。明治中ごろに高麗橋《こうらいばし》二丁目、堺筋との角に店を設けている。のちに株式会社に改め、明治四〇年（一九〇七）春に営業を再開する。この時は従来の呉服屋同様、町家風の店構えであった。しかしまもなく洋風店舗への改築をすすめていく。四年後には、表通りに面して長大なショーウインドーを設置し界隈の名物とした。連続するアーチが印象的な飾り窓と、そのなかに美しく陳列された商品が街をゆく人々の視線を集めた。雑誌『大阪の三越』を刊行し、最新の流行を広く宣伝したほか、食堂や休憩室を用意して顧客のサービスを重視するようになる。

大食堂と屋上庭園

大正になると三越大阪店の高層化が具体化する。まず地上七階、ルネッサンス様式の新館が、横河工務所の設計・施工で大正六年（一九一七）に竣工する。引き続き竹中工務店による東館の工事が始まり、大正九年に完成を見ている。高さ三三メートル、七階建て、ルネッサンス様式の建物は当時では市内屈指の高層建築であった。大正一五年五月には「下足《げそく》預かり制」を廃止して、土足のままで入店できるように変更、買い物客も増加する。同年に刊行された『大正大阪風土記』では一日の入店者は平日でも三万人から三万五〇〇〇人にのぼり、応対する従業員も一五〇〇人を数えたと、その規模の大きさを強調して紹介している。

図14　三越大阪店

市街地の眺望が良い屋上庭園には奏楽堂が設けられており、三越自慢の少年音楽隊の演奏を聞くことができた。またこの屋上から、大阪初のラジオ放送が実施された。催事や屋上庭園などとならぶ百貨店での楽しみに大食堂での食事がある。三越では八階の洋食堂を直接経営し、一八歳以下の少女たちを給仕につかせて、家族的な接客を売り物としていた。昭和七年に刊行された『近代大阪』において北尾鐐之助は、市内の百貨店の食堂を比較、阪急や高島屋南海店などの「大食堂主義」にはない「風格」を有していたがゆえに、三越洋食堂の個室で見合いをする人も多かったと報告している。

高島屋

高島屋が堺筋に店を構えたのは大正一一年一〇月のことである。先に述べたように明治三一年、京都の高島屋飯田呉服店は、心斎橋二丁目にあった呉服商丸亀屋の店舗を買い取り大阪への進出を果たす。まず「掃除売《くらざらえ》」と称して、丸亀屋の在庫商品を見きり処分で売り払う。初日には早朝から客が押し掛け、五時半には開店するほどであった。ついには午前九時には品切れを告げ、午後一時には閉めざるを得ない大繁昌が連日続く。店舗には、さまざまな工夫が加えられた。天井《てんじよう》に風車を取り付け二階で二人がかりで歯車を回転させる人力送風装置や、売り場から帳場の出納係へロープによって現金を送る仕組みもあった。また「運動木馬」を置く「コドモアソビバ」は、ほかの呉服店にない趣向であった。その後も大阪人の好みを研究して独自の商いをすすめ、増改築を重ねた店舗もしだいに大きくなる。

しかし大正八年、漏電による火災によって心斎橋店は炎に包まれる。近隣の商店も含めて界隈で七戸が全焼、一戸が半焼となった。三ヵ月ののち木造の店舗で早くも再出発を果たしているが、この店を閉店することに決定する。そこにはいくつかの理由があった。他の百貨店はビルディングへの改築を始めていたが、心斎橋筋に面した敷地は狭く高層化には向いていない。また同じ心斎橋筋でも同店があった二丁目は島之内の色町に近く、一般の婦人たちは忌避しがちな土地柄であった。かつ御堂筋がまだ拡幅されていない時期にあっては、市電が通り心斎橋筋の表玄関である長堀通りからは距離があって、不便だといわれていた。

そこで高島屋は目抜き通りであった堺筋への進出をもくろむ。旧南区役所跡地を入手し、七階建ての本館、および五階建ての東別館からなる大型店を建設した。設計は岡田信一郎、屋根まわりや四隅の楼屋の意匠にゴシック様式を加味しているが、全体として洗練されたモダンなビルである。往時、白木屋、三越など各百貨店が並んでいた堺筋へ転出しつつ、西に位置する大丸・十合両店との距離をにらむ、ちょうど中間地点への熟慮のうえの出店であった。

コドモの楽園 おとなの天国

白木屋もまた堺筋に進出した。大正九年（一九二〇）、堺筋と備後町の交差点近くに土地を取得し、翌年八階建ての大阪支店を開業させている。各呉服店が華やかな印象を与えがちなルネッサンス様式を採択するなか、珍しく尖塔を設け垂直線を強調するゴシック様式を選んでいる。設計は清水組（のちの清水建設）の田中実、施工も清水組が請け負った。

白木屋は堅実な商売を目指していた。東京本店が「最も買いよき店」を目標としたのに対して、大阪支店は「買い易い店　安く売る店」という実質本位の経営方針を標語とした。しかしまもなく難波や梅田などのターミナル型百貨店の興隆などがあって、大阪支店は営業不振に陥り、ついに昭和七年（一九三二）七月には閉店の憂き目をみることになる。市内の分店も順次閉鎖し昭和一一年にいたって、大阪支店の土地建物は一七〇万円で野村生命に売却されている。

最後に堺筋に進出した百貨店が松坂屋である。明治四二年（一九〇九）、名古屋を本拠とする「いとう呉服店」は、いちど進出した大阪の地から引き上げている。その後、大正一二年（一九二三）三月、屋号を松坂屋と改め大阪での営業を再開している。日本橋《にっぽんばし》三丁目にあった小学校の跡地を得て、木造三階建て、トタン屋根の三階建ての仮設店舗を設けた。松坂屋大阪店は、昭和三年（一九二八）一二月、南館を増築する。竹中工務店大阪本店の設計・施工で、地上六階地下一階の規模であった。さらに名古屋を本拠地として活躍していた建築家鈴木禎次の設計になる新館建設に着手、九年秋に一期工事を終えている。

松坂屋で注目されるのは、屋上遊園地の充実である。この店では、北館が開設された昭和九年以降、市街地の眺望を楽しみながら水遊びができる屋上プールが名物であった。その後「コドモの楽園　おとなの天国」と称して遊園を拡充し、噴水やコンサートを上演する屋根付きの舞台などを設けていく。加えて目を引くのが遊戯器械の充実である。四機の飛行機が空中で周回する飛行塔、豆汽車、すべり台やコドモ自動車、自動木馬などもあった。またある時期には、四本足で歩行する機械仕掛けの「歩く象」が呼び物となっていたようである。

ターミナルの百貨店

ターミナルと百貨店

呉服店は従来、店を構えていた商業地区から脱し、目抜き通りのオフィス街に立地を求めつつ、百貨店として独自の発展をみる。いっぽうほぼ同時期に、郊外電車の運行を担った電鉄会社が独自の資本をもって百貨店経営に進出した。

ターミナルに立地した電鉄会社系の百貨店では、欧州の百貨店ではなく、むしろアメリカのマーケットを意識したようだ。建築デザインにあっても、アールデコやモダニズムなど、新しい建築デザインの流行をいちはやく採り入れた例が見受けられる。著名なのは、阪急の事業展開である。まず駅に付属して、食堂を設けたのは大正九年（一九二〇）のことであった。一〇月、新しいターミナルビルの完成にともなって、梅田駅に直営の「阪急食堂」を開設している。同時に五五坪の広さがある一階にテナントとして白木屋「梅田出張所」を誘致した。百貨店事業を自営することが可能かどうか、他社を使ってモニターとしたわけだ。この白木屋の出張所が、小林一三が構想したターミナル・デパートの先駆《さきがけ》となったことは注目に値する。

成功を確信した阪急は、白木屋との賃借契約が切れるのを待って、直営の阪急マーケットを大正一四年六月一日に開業している。同時に本社事務室をここに移して、一階に乗客待合室、二階・三階をマーケットとし四階・五階を食堂とした。昭和四年四月、この複合施設を原型としつつ、ターミナル・デパートの嚆矢《こうし》とされた阪急百貨店が開業する。

他社の展開

このような阪急の方法論を各私鉄も参照する。大正一五年、大阪と奈良とを結ぶ大軌《だいき》電車（大阪電気軌道。近鉄の母体となった）のターミナル上本町六丁目に大軌ビルが完成する。円弧を描く交差点側を強調する石張りの重厚な外観は、大林組が設計・施工を請け負ったものだ。

このビルの一階から三階までは「三笠屋百貨店」がテナントとして入居、地下には天満《てんま》青物市場が経営する大軌市場、二階、三階に鉄道会社が直営する食堂があった。先の阪急

図15　大軌ビルディング

図16　新京阪ビルディング

の例では、白木屋は「出張所」と呼び、阪急は「マーケット」と自称していることを考えると、この「三笠屋百貨店」が「ターミナル型百貨店」のもっとも早いケースという見方が可能であろう。昭和一〇年（一九三五）八月、大軌では百貨店を直営に改めるべく工事に着手、翌年に全館を改装し、「大軌百貨店」として再スタートをはかっている。

昭和二年（一九二七）、新京阪線（阪急京都線）のターミナルとして天神橋駅が竣工《しゅんこう》する。七階建てのビルディングは、日本ではじめて中層に電車ホームを取り込む設計で話題となった。建築費一二五万円、プラットホームのある二階部分に三連の大きなアーチ窓を設ける、ルネッサンス風であるが装飾を抑えたモダンな外観である。このビルの三階、四階部分を占めて「新京阪マーケット」が入居した。

そのほか昭和八年、東区京橋一丁目に「京阪デパート」と称する三階建ての店が営業を始めている。詳細は不明だが、石本喜久治の設計、大林組の手になる建物で水平にガラス窓を連続させるモダニズムの建築である。また昭和一三年には、久野事務所が設計した七階建ての大鉄百貨店が阿倍野橋に竣工している。

百貨店の到達点

百貨店には二つの流れがあった。すなわち欧州に目を向けた新古典様式の外観を持つ都心立地の大規模百貨店と、アメリカのマーケットを意識して大衆化したターミナル立地の百貨店である。やがて予測されるとおり、双方の長所と特徴をあわせた百貨店建築が誕生する。

高島屋南海店

南海電車のターミナルである難波《なんば》に誕生した「高島屋南海店」などが好例である。久野節建築事務所が設計、大林組が工事を請け負った南海ビルディングは鉄骨鉄筋コンクリート造八階建て、地下二階建て、第一期工事を昭和五年（一九三〇）、第二期工事を昭和七年に終えている。ビルには高島屋がテナントとして入居、当時としては最大規模の百貨店として脚光をあびた。設計者である久野節は、昭和二年に自身の事務所を開くまで鉄道省建築課長を務め、もっぱら鉄道関係の施設設計を手がけたことで知られている。

外観の基本は、壺飾りを乗せるコリンシャンオーダーを特徴とするルネッサンス様式である。しかし一四スパンもアーチを連続するなど、デザイン面で大胆な処理が注目される。またこの大振なテラコッタ装飾とともに、大衆化した百貨店のありようを示すところだ。高島屋南海店は、ネオンサインやイルミネーションのほか、電光文字によってニュースを流す「スカイサイン」、一五秒周期で赤、黄、緑に順次変色しつつ建物を照らし出す「ムービーカラーライト」を装備していたことでも注目される。他の商店に先駆けて最新の電飾を採択し、外観に彩りを添えていたわけだ。

東洋一の百貨店

また計画だけに終わったものだが、梅田阪神ビルディングも都心立地の百貨店に対抗できる風格も有した大規模なターミナル型百貨店の事例である。御堂筋《みどうすじ》の拡幅と大阪駅前土地区画整理事業の進展にともない、阪神電鉄は換地によって駅前の一区画を入手した。ここに地上七階、地下二階、延べ坪数一万三〇〇〇坪のビルを建築することを明らかにする。

昭和四年（一九二九）、高島屋は阪神が新築予定しているビルディングへの入居を申し入れ、翌年八月、両者のあいだで一〇年契約とする覚書が交わされる。しかし契約は破棄された。昭和一二年（一九三七）一月、電鉄会社は独自に阪神百貨店を創設、直営事業とすることを明らかとする。三月に公表された計画概要では、さらに規模を拡大、八階建て、「売り場面積東洋一」を誇る百貨店の建設を企画する。外観はルネッサンス様式、一・二階の壁面は花崗岩《かこうがん》を張り、残りは一部を除いてタイル貼り仕上げとした。案では「開口部の多い明朗な外観」としている。

しかしこの計画は戦時下の鉄鋼統制によって実現にはいたらない。東側約三分の一の敷地に地下二階、地上四階の変形ビルをたてることになり、オフィスビルとしてのみ使用された。阪神が本格的な百貨店事業に進出するのは第二次大戦後のことである。

百貨店建築の到達点

戦前期にあって、大阪を代表する百貨店建築の代表作が、心斎橋筋にならびたつ。大丸百貨店大阪店とそごう百貨店大阪店である。大正六年（一九一七）に竣工した大丸の店舗は、大正九年二月の失火で焼失する。そこで他社と同様、鉄筋コンクリートのビルディングへの改築が模索される。大正一一年四月一〇日、まず清水町側の新館が竣工した。本建築の第一期工事にあたる部分で、敷地四〇〇坪、ヴォーリズ事務所が設計を請け負った。六階建て、アールデコを多用した内装に対し

図17　大丸百貨店大阪店

て、外観はルネッサンス様式の典雅な外観を特徴とする。装飾では心斎橋筋側玄関に設けられた孔雀《くじゃく》をモチーフとするテラコッタが、おおいに話題になった。

ついで大正一四年（一九二五）に第二期工事を終え、さらに御堂筋の拡幅と地下鉄工事が完了するのに応じて、昭和八年（一九三三）に第三期工事が完了する。これによって心斎橋筋から御堂筋にかけての一街区すべてを占める大規模店へと変貌した。

宣教師でもある建築家ウィリアム・メリル・ヴォーリズは、近江八幡《おうみはちまん》でキリスト教の布教をすすめるいっぽう、明治四三年（一九一〇）、建築設計の合名会社を設立、のちにW・M・ヴォーリズ設計事務所に改める。彼はこの店舗の増築工事において、大通りとなった御堂筋側の外観に、同時代のアメリカの商業建築にならい重厚さと華やかさをあわせもつアメリカンゴシック様式を採択した。東側と西側で様式を違えている点が注目される。

百貨店のモダニズム

いっぽう、そごう（十合）も隣の大丸が新店舗を竣工させたのに応じて、社屋を新築し近代的な百貨店への脱皮をはった。設計を請け負った村野藤吾は新進気鋭の建築家であった。期待に応えるべく欧米視察を実施、斬新でモダンな建築をものにする。鉄骨鉄筋コンクリート造八階建ての新店舗は昭和一〇年に完成した。外観を特徴づける縦方向のルーバーは、イタリア産の大理石を材料としている。

ガラスブロックも使用、全体は幾何学的な構成手法を採る。竣工時、専門雑誌に掲載された評論には、垂直線を強調した大胆な外観と内外装の豪華な材料意匠を特記し、設計者と建築主の「近代建築に対する理解と決断に対しておおいに敬意を表したい」とある。そこうでは建物の外部を飾る装飾についても、新しい気風の作品を登用した。御堂筋側の外壁にあって、アクセントとなっている彫刻「飛躍」は、東京美術学校を卒業後、渡仏してロダンの弟子兼助手となった藤川勇造の作品である。

この両者に戦前期に建設された百貨店建築の、ふたつの到達点を見て取ることができる。ヴォーリズの大丸百貨店は様式建築の伝統をふまえながら、都市の新しいシンボルとなった複合商業施設にふさわしい清新なデザインにまとめあげた。いっぽう、村野のそごうは、幾何学的な構成美をもって華やかでありながら近代的な建築美を示すことに成功している。好対照でありながら、ともに往時の時代の気分を今に伝えている。

都市の代表的建築

大丸やそごうの新店舗が計画されていた頃、高橋貞太郎と平林金吾は『高等建築学 第十六巻建築計画四 商店・百貨店』（常盤書房、昭和八年）を著している。そこに、当時の百貨店建築の現状と日本独自の特徴などの分析をふまえて、今後は、いかに設計をなしていくべきか、その指針が記されている。

百貨店建築の指針

彼らの論考のうち、まず「外観」の項目に記されている概容を紹介しておきたい。そこにおいて著者たちは、まず第一に都市景観における百貨店の位置づけを強調する。すなわち「都市の美観を添え、かつ都市の名物となっている」という認識である。百貨店の建築は「概して大建築」であって、市街のなかでもっともにぎやかな場所に建てられていることから、「都市の代表的建築」となっている。ゆえに都市の美観に重大な関係があり、その外観にあっては単に「自己営業のためのみ」を考えるわけにはいかない。加えて「相当な技術者」の手によって設計がなされており、それぞれ独特の長所をもっていて、他の店とは別の印象を持っていると述べている。

次に、いかにすれば「現代百貨店の特徴」を示しうるのか、について論じている。そこでは百貨店は多数の商品を取り扱う場所であるから、特定の販売品を強調するような特殊な表現をすることはできない、また「近代経済組織」であるから、「クラシックな表現」すなわち、前近代的な古典様式で建築することも適当ではない。さらに社会の各階級の人が購買する場所であるから、「安心し信用して買い物のできる所」「安易に買い物を楽しむ所」「皆様の百貨店」という三項を充たすことができれば良いとしている。

さらに高橋らは、実際に建設された百貨店の様式について論じている。そこには「ゴシック様式」「ルネッサンス様式」「最新型の様式」「日本趣味を加味したもの」があるとしている。「最新型の様式」とは、いわゆるモダニズム、ないしはアールデコなどの装飾のことだろう。店ごとに異なるデザインがなされているのだが、「何れの様式が百貨店として最もふさわしいものであるとも決し難い」とし、「商店の位置、営業の方針、時勢の進運」からみて、「それぞれ適当な外観の意匠設計」をなすべきという認識を示している。ただし「強いていえば」という但《ただ》し書きつきで、「ルネッサンスを基調とした近世式に現代の新傾向を加味したもの」を推している。それが「大資本による信用ある商店であることを表現し、軽薄に流れずある程度の荘厳さを持つ落ちつきある見飽きのこないもの」になると述べる。また「新鮮味を失わず、同一都市内に存在する他の同業商店と明瞭に識別印象づけられるもの」が良いとしている。

また著者たちは「外装材料の如きも相当高級なもので綺麗な仕上としたもの」を用いるべきだと述べ、花崗岩、薬掛タイル、テラコッタ、錆《さび》の出ない金属などの使用を進めている。また出入口まわり、陳列窓まわり、道路の隅角には「相当の装飾」が施されるべきとしている。高橋らの分析と提案は、同時代の大阪に建設された百貨店の事例にも、まさにあてはまる。当時の百貨店建築のありようを適切に述べているところだ。

消費文化の殿堂

作家横光利一は、『文藝春秋』昭和二年九月号に「七階の運動」と称する文章を寄せている。

今日は昨日の続きである。エレベーターは吐瀉《としゃ》を続けた。チョコレートの中へ飛び込む女。靴下の中へ潜った女。……コンパクトの中の懐中鏡。石鹸の土手に続いた帽子の柱。ステツキの林をとり巻いた羽根枕、香水の山の中で競子は朝から放蕩《ほうとう》した。人波は財布とナイフの中を奥へ奥へと流れて行く。缶詰の谷と靴の崖。リボンとレースが花の中へ登っている。

大量生産を前提に、都市が「工業化」する過程にあって、百貨店はあふれるほどに商品を陳列しつつ、さまざまな欲望を喚起する「消費の殿堂」であった。加えてモダニズムが喧伝《けんでん》された大正から昭和初期の日本では、単なる消費の場ではなく、遊園地や催事場を飲み込みつつ、コンパクトな都市型アミューズメント施設という側面も強調される。また家族を単位とする余暇を提供する「娯楽の殿堂」でもあった。

欧米の百貨店と比較したとき、この種の付帯施設の充実と必要以上の肥大は、日本独自の特徴とみることができるだろう。先に紹介した著書のなかで、高橋貞太郎・平林金吾は、「我国百貨店の特異性」のうち、もっとも顕著な傾向として「第一に百貨店が一つの行楽機関になっていること」を挙げている。子供連れの婦人が、単に買い物をするだけではなく、食堂から演芸場、屋上でと時間を費やしているというのだ。その背景として高橋らは、百貨店の顧客の多くが婦人である点は洋の東西を問わないが、日本のように「婦人がまだ家庭の人として取り扱われ、社会的に充分に解放されていない国情にあっては、婦人が大手を振って出掛けることの出来る場所は実に百貨店其《そ》の他二三に止《とど》まる」ことを理由に挙げている。

分析の正否はさておき、日本の百貨店が西洋風のデパートメントストアの枠におさまらず、この国独自の工夫によって発展をみた事実はあきらかである。先人たちの大発明であったことは間違いない。

商業建築の極限

そごう百貨店大阪店は、建築家村野藤吾の出世作と言われている。村野は、のちの回想において、百貨店建築の社会におけるありようを「デパートというのは大衆にアピールしなければならない商業建築の極限にあるもの」と示し、「一歩踏み誤れば人間感覚を悪用した堕落した建築になりかねない」と建築家という職能からの自戒を示している。

当時の百貨店の外観は、都市において普及した高度消費文化を喧伝する「メディアとしての建築」であったという点に留意するべきだろう。各百貨店は、多くの商品を陳列窓に並べている。加えて豪華な造作と過剰な装飾が高級感を訴求、行き交う人々の購買欲を刺激してやまない。百貨店建築は、その存在自体が、人々の消費行動を喚起する装置であった。

広大な売り場面積を必要とした百貨店は、オフィスビルやホテル建築などとともに、商業建築としては例外的に、いちはやく高層化を果たした。とりわけ百貨店の大衆化がすすんだ関東大震災以降、巨大な店舗を建設する事例が増え、百貨店は都市の近代化を示すシンボルとなった。さらには、百貨店は単なる店舗ではなく、イベントスペースや文化施設の機能を兼ね備えた「複合商業施設という特殊性」をも有していた。こういった特徴をも、そのデザインに反映する必要があった。盛り場の店舗のようなキッチュさは許されず、きちんとした様式をかんがみたうえでの、ある種の品格と重厚さとが求められたのだ。

このように考えるならば、近代の商業建築、他のビルディングタイプと百貨店とを比較する時、そこに同時代の都市生活の気分が、もっとも先鋭的に反映されていたということができる。「大衆にアピール」することを宿命づけられた百貨店建築は、たしかに「商業建築の極限」と呼ぶにふさわしい。

電気と都市

夜景の誕生

夜景の誕生

「電気の女神」と大阪

手元に一枚の絵葉書がある。図柄を見ると翼のある女神がひとり、薄暗がり、おそらくは黄昏時《たそがれどき》の大阪の空に降臨した瞬間が描かれている。左手には七つの銀色の星を連ねる輪と植物を一葉、右手には電球ひとつだけを高く掲げて、煙突の並ぶ市街地に光を届けようとしている風情である。「電気の女神」とでも名づけたくなるイラストである。

記載されている文字を読むと、大阪電燈株式会社が開業二〇周年の記念に発行したものであるようだ。大阪電燈は初代社長に土居通夫を迎え明治二〇年（一八八七）に設立された。東京における電燈会社設立に遅れをとった大阪財界が総力をあげて支援した事業であ

図18　電気の女神

る。二年後の明治二二年五月、西道頓堀二丁目の旧金沢藩邸の跡地に発電所を設置し、電気の供給が始まる。一般家庭というよりも、劇場や料亭、お茶屋などを意識し、ミナミ全域を配電区域とした。ちなみにその前年には神戸電燈、同じ二二年に京都電燈と名古屋電燈、翌二三年には横浜電燈が供給を開始、六大都市における電気事業がでそろうことになる。

しかしその初期にあっては、順調であったとはいえない。大阪電燈では「電燈は、風が吹いても消えません。火事の危険もありません。ホヤ（火を覆うガラス製の筒）の掃除もはぶけます」と訴えたが、日没から午前零時までの半夜燈、もっとも暗い一〇燭光で一ヵ月一円（明治二〇年の東京での入浴料は一銭三厘）もかかるという高額のため、当初の申し込みはわずかに一五〇燈しかなかったという。まだまだ大衆には手の届かない高価な光であり、また停電が多かったのも不人気の原因であったと伝えられる。

あかり戦争

明治時代後半、日本の各都市では「あかり戦争」などと評される競合が見受けられた。簡潔にいえば、石油、ガス、電気のいずれかを燃料とした照明器具が、どれほどの市場を獲得できるかを激しく競ったのである。

まず脱落したのが石油ランプである。大阪でいえば、明治四二年（一九〇九）、市街地の中心部を焼き払った、いわゆる「キタの大火」にあって、火事の原因が石油灯の不始末であったことから、安全性への信頼性がなくなり、ガスや電気へと転換する人が増加する。明治二二年（一八八九）には一八三〇灯、明治二六年になってようやく一万灯を突破したにすぎなかった。しかし明治末には五〇万灯にまでその数を伸ばしている。

ライバルはガス灯であった。釣鐘型のマントルという器具が発明されたことによって、ガスの灯りは従来よりはるかに明るい照明器具に進歩していた。ガス灯と比べた場合、電灯は維持費の高さが問題であった。しかし明治四三年（一九一〇）、アメリカのGE（ゼネラル・エレクトリック）社が白熱光を放つタングステン電球を市販化することで一挙に解決をみる。タングステン電球は、従来のカーボン電球よりも遥かに消費電力が少ない。日本の業者も順次、この新しい電球を採用するようになる。

また各地の電気供給事業者のなかには、企業努力によって、電気料金を値下げするところもでてくる。ここにいたって電灯が他を圧倒する条件が整う。結果、富裕な家庭だけではなく、一般の住宅や商店、さらには街路照明や屋外の「あかり」も電灯への転換を果たしていく。東京電気照明課石川安太は、明治四四年段階で全戸数のわずか一〇％だけが電灯の需要者であったが、大正一三年（一九二四）には七九％、昭和七年（一九三二）には九一％にのぼったことを紹介している（石川安太「屋内外照明設備の変遷」『照明学会雑誌』第二〇巻一一号、一九三六年）。

電灯普及のプロモーション

東京の場合、まず各家庭に普及したのは、室内灯ではなく門灯や軒灯《けんとう》であった。従来、石油などを利用していた家をまわり、門灯を電化することを説いたという（『東京電灯株式会社開業五〇年史』、一九三六年）。

大阪にあっては大正三年（一九一四）ごろから、さまざまな電灯利用の試みとプロモーション活動が展開された。津田音治郎という人物は「大阪街路点灯商会」を結成し、夜店の照明を電灯化する業務や街路灯の工事を請け負った。同年一二月、大阪電燈株式会社では「しめの内電灯」と称する事業を具体化する。電灯を契約すると、正月一五日までという期間を限って、装飾用の高燭光電灯やタングステン電球を無料ないしは安く貸与するという特典がついてくるというものであった。また大正四年一〇月には「高燭光点灯勧誘デー」と称し、市内に五〇ヵ所あまりあった同社修繕所の看板や屋内灯を通常よりも明るくするとともに、同時に主要な盛り場にある店を戸別訪問し、タングステン電球の普及につとめたという。

さらに同年一一月一〇日、御大典奉祝事業に関連して大阪電燈株式会社は、市内にある

図19　御大典奉祝事業 中之島の奉祝塔

奉祝に用いる臨時灯については、すべて損得を考えず低料金で契約している。また独自に、難波橋・日本橋《にっぽんばし》・淀屋橋《よどやばし》・戎橋《えびすばし》など人の往来がいちじるしい場所を選んで、合計一四〇〇灯以上の高燭光電球と電気装飾を用意した。また一万五〇〇〇円を投じ、中之島剣先に四六二六灯のイルミネーションと頂上に二基の探照灯を装置した高さ一〇〇尺（約三〇メートル）、東西三〇間（約五五メートル）、通路を兼ねる巨大な奉祝塔を建設した。奉祝という国家の祭を建て前としつつ、実質的に電灯の広報宣伝を兼ねさせようという意図があったようだ（川本拾桃『大電解散記念大集』大阪読売新聞社、一九二三年）。

夜景の誕生

大正、昭和にかけて、人々は少しずつ「明るい夜」を手に入れていった。灯油や瓦斯《ガス》を燃やして入手できるゆらめく光ではなく、電気が生み出す安定した白熱球の光が、各家庭に点《とも》るようになる。

もっとも石油灯からガス灯、そして電灯への転換が各家庭で一様にすすんだわけではない。たとえば商家の場合、衣服を扱う店は電灯を嫌い、かなり後までガス灯を使用するところが少なくなかったという。理由は色味にあったという。洋服商、呉服商たちは赤味が強い電灯では店先にならべた商品が美しく見えない、とりわけ柄が見映えしないと考えた。それに対してガス灯独特の青白い発色は、生地や柄を鮮やかに見せる。この点から呉服や洋服を扱う店は、ガス灯にこだわりつづけたという。このような電球の色味の悪さは、世界中の電気事業者に共通する難問であったらしいが、これもタングステン電球の登場によって、おのずと解決していく。

また理髪業者も電灯の導入が遅れた業態だという。ガス灯よりも電灯のほうが、影が鮮明になり不便であった点が理由とされる。要するに明るいところと暗がりとの差が際立ちすぎたということだろう。そのために理髪店では電灯への転換が、大幅に遅れることになった。

いっぽう大家族の住宅、商売でいえば下宿屋などでは石油灯が引き続き用いられた。油費が低廉であったことに最大の理由があるが、ポータブルで意のままに使用場所を変更できるという利点も捨て難かったようだ。

「家庭の電化」は同時に街頭の電化をもうながす。それは多くの光源で彩られた「夜景」の誕生であった。個別の光が群れをなし、街路や建物を演出することで、ひとつの景観となる。住宅地には住宅地らしい、工場地帯にはそれなりの夜の風情が生まれる。とりわけ顕著であったのは商業地である。電気の普及によって、それまでにない夜独自の都市景観が創り出されていく。

日本最初のイルミネーション

電飾で充たされた夜景が一般の市街地に出現するまでに、おおがかりな試行がなされていた。博覧会の夜間開場が実験の機会として利用されたのだ。いつかこの種の夜景が普及すること、つまり無数の電球に彩られた「電気の都市」が日常化するのではないかと考えつつ、人々はイベント会場に足を運んだのではなかったろうか。

博覧会での実験

まず欧米にあって電球を点灯させて、建物の姿を闇に浮かび上がらせる、いわゆる「イルミネーション」が博覧会の目玉として実施されるようになる。わが国でも欧米の最新照明機器が導入され、博覧会場内に模造された「ハリボテの街区」に、それまでにない夜景が創出された。たとえば明治三六年（一九〇三）、大阪で行われた第五回内国勧業博覧会にあって、農商務省の関与のもとで先例のない夜間開場が実現している。日本初のイルミネーションである。

各展示館は午後五時になると閉じられ、また会場そのものも六時には閉門となった。しかし日曜日と各種イベントのある「大祭日」には、その後の入場が許可された。展示品を見ることはできないが、四〇〇〇個以上の電球で美しく彩られる各館の様子そのものが見世物となったのだ。全館の電灯が一斉にともる瞬間を見ようと、まだ陽の高いうちから会場全体を俯瞰《ふかん》できる美術館前の高台で、場所取りをする群衆があったという。

『文藝界定期増刊　夜の京阪』（明治三六年五月）にあって、潮歌生は「第五回内国勧業博覧会のイルミネーション」と題する印象記を寄せている。「各館の軒には各幾千の電球を布置し、美術館には総輪郭及び窓々に数珠《じゅず》なりに繫がれたる燈球其数万を越えたりと覚し。いづれもいま黄色を帯びたる燭光を宿して、浮ぶがごとくに、黒き林櫨岡阜《りんろこうふ》を前にして虚明に聳《そび》えたり」と述べている。とりわけ演出性が高かったのが美術館の電飾であったようだ。

その様子を人々はいかに驚いたのか。先の印象記にあって潮は「『あ』とばかり人は驚

図20　第五回内国勧業博覧会のイルミネーション

きて凝視の眼をみはり、あとずさりさま、この景色に酔へるに似たり」と書いている。また『風俗画報』では、「暗中に明星の宮殿のみを現出したる」などとその壮観を記している（『風俗画報臨時増刊　第五回内国勧業博覧会図会上編』東陽堂支店）。

噴水・彫刻・電飾文字

建物を縁取る電飾だけではない。園内随所に夜を彩る景物があった。そのひとつが、一連の噴水である。会場の中心部にあった噴水塔は見逃すべきではない見所とされ、多くの人が集まった。あるいは高村光雲の手になる大理石の彫刻「楊柳観音《ようりゅうかんのん》」も話題であった。右手に水瓶、左手に柳枝を握った美人像で、瓶から流れる水が足元にいる童子が支持する水盤に落ちるようになっている。また周囲に亀や水鳥の像もあって、これらも水を噴きだしている。おのおのの水流が、ついには直径一八《メートル》メートルほどの円形の池にそそぎこむという趣向だ。この群像と池面そのものが、色光を駆使して美しく照らし出されていたのである。

また巨大な正門のアーチの上方部分に多数の電球を装置して、第・五・回・内・国・勧・業・博・覧・会の一〇文字を描き出して明滅させた。人々は「奇観」だと噂しあい話題になった。当時としては最先端の技術であり、明らかに実験的な試みであったのだろう。この時は場内のイルミネーションだけで二万円という巨費を費やしている。全体の演出を構想したのは、大阪電燈株式会社に技師として務めていた木村駒吉であった。

会場内の電気照明が落とされる午後一〇時まで、夜景見物の入場者が絶えなかった。人々は会場を散策し、ベンチに腰をおろしてあたりを見渡し、これまで見たこともない「明るい夜」を楽しんだ。余興として奏楽堂で行われていた軍楽隊の演奏に耳を傾けつつ、電気が拓《ひら》くであろう未来都市の夜景をそこに見出したにちがいない。

もちろん電灯照明は、もっと早くから実践されていた。また、それまでの博覧会においても、提灯《ちょうちん》やガス灯による街頭照明のほか、電灯の展示も行われていた。しかし多数の電球を用い、これほどまでの演出をなす電気によるイルミネーションは先例がなかった。イルミネーションが外来語として一般に通用するようになったのは、この博覧会のあとからである。

電気広告事始め

第五回内国勧業博覧会は、「かくのごとき大仕掛なる博覧会は、我邦《わがくに》に於《お》ては空前のものなりといふをはばからず」などと記録されるイベントであった。会場内では主催者側だけではなく、出展業者のなかにも電飾を売り物にした例もあった。

たとえば日本の煙草業界にあって東京の岩谷天狗と激しい競争のさなかにあった京都の

村井商店は、側面に自社銘柄である「オールド」の文字を大書する広告塔を出展した。このタワーも夜になると電飾がともされ、また塔頂に一万五〇〇〇燭光の投光器が夜空に光の帯を投げかけた。先の『文藝界』にあるルポルタージュで潮歌生はこの広告塔にも触れ、「数百の燈花開けば、五色の彩光輝き、隣れる白木屋其他《そのた》の売店昼より明るく下ゆく人の衣の縞《しま》なほよく見ゆ」と書いている。イルミネーションを広告に応用する発想も欧米の先例にならったものである。国内にあってもこの博覧会に先駆けて、明治三四年（一九〇一）、キリンビールが新橋駅前に掲出した電気広告が話題となっていた。この時は社名であるカタカナ六文字を電球で表現したという。

なぜ第五回内国勧業博覧会において、これほどの夜景が生まれたのか。ひとつにはイベントの大阪誘致運動にあって求心力となった土居通夫が、大阪における電気事業の中心人物であったことがあげられる。また土居をはじめ関係者が一九〇〇年のパリ万国博覧会を視察、その夜景の作り方に学んだ可能性もある。先の噴水群、彫刻群のあつかいなどは、明らかにパリ万博の主要な展示であった電気館の噴水照明にならったものと思えるのである。

大阪での実践ののち、国内で大規模なイベントが挙行されるさいには、会場を照らし出す電気照明が不可欠となる。たとえば明治四〇年三月から六月まで、上野公園で開催された東京勧業博覧会のときは、日曜・祭日のほか、毎月一日、一五日に限って夜間開場が実施されている。ここでは先の勧業博をはるかに凌《しの》ぐ、三万五〇〇〇個の電球が用意されたという。全国での使用電球すべてを数えても、八五万個にしかならない時代である。国内にある総数の四％が、博覧会場に集められたのだ。誰もが見たこともないような夜景だったのだろう。文豪夏目漱石は『虞美人《ぐびじん》草《そう》』において、「苟《いや》しくも生きてあらば、生きたる証拠を求めんがために、イルミネーションを見てあつと驚かざるべからず」と書いている。

上野のダイヤモンドパレス

余談だが、この東京勧業博覧会にはパリ博覧会の電気館にあった「幻想宮」に似た趣向の余興「水晶館」が登場している。このアトラクションの中心に、一二角形平面の鏡張りの部屋「宝玉殿」があった。そこに至る通路は、ほの暗い岩窟に模倣されている。暗がりを手探りですすむと、途中に蝦蟇《がま》の怪物や大蛇、土蜘蛛《つちぐも》、髑髏《どくろ》などの造りものがあった。分かれ道を鏡に写し、道に迷わせる仕掛けもある。暗い迷路を抜けてようやく宝玉殿に入場すると、そこは天井をガス灯で照らす明るい空間になっていた。多角形の鏡のなかに見

図21 東京勧業博覧会のイルミネーション 三菱館

渡す限り自分の姿が無数に重なる奇観である。暗がりから明るみへの反転を娯楽として体感できることが意図された一種のファンハウスである。パリ万国博にあって電気を用いて工夫された光と闇の演出を、ガス灯を代用させつつ我流に引用した展示館として注目に値する。

博覧会場の電気都市

その後につづく大正三年（一九一四）の東京大正博覧会、大正十一年の平和東京博覧会などでも、それぞれに美しい夜景が出現した。

都市照明の革新　さらに大正時代も後半になってからは、欧米の最新技術を導入することで建築照明も著しい進歩を見ることができた。屋根や柱、壁面などに電球を多くとりつけて、直接、目に入る光を網膜で連鎖させて、点描のように建物の姿態や図形を示そうとする従来のイルミネーションが時代遅れのものとされたのだ。そもそもこの種の電飾は、電球の取り付け箇所で屋根や壁が傷み、雨漏りの原因になりがちであり目への刺激も強い。それに対して登場したのが、各種の投光器を使用する方法である。つまり間接照明を用いて夜景を創出し

図22　東京大正博覧会 正門の夜景

図23　平和記念東京博覧会 夜景

ようという試みがなされるようになったわけだ。

建築照明のこの革新は、まずアメリカで示された。転機となったのが一九一五年、パナマ運河開通を記念してサンフランシスコで挙行されたパナマ太平洋万国博覧会である。この時、ゼネラル・エレクトリック社の技師たちは、八種類の電灯機械を使用、新しい建築照明「フラッド・ライティング」を実践している。たとえば建物をライトアップする時には、壁面下方や装飾柱の頂上、あるいはすぐ近くの茂みのなかに照明器具をわざと装置し、見る人に光源照明の位置がわからないように工夫した。そこから壁面に光の帯をなげかけるのだ。また屋内でも光天井などの間接照明が多く用いられた。

とりわけシンボルである「宝石塔」を照らし出す効果は抜群であった。タワーの名は、塔の周囲に吊されたダイヤモンドのようにカットされた硝子《ガラス》装飾に由来する。赤、白、紫、緑などの硝子が、螺旋《らせん》状の針金で吊されている。風が吹くとおのおのが不規則に動き、多色のサーチライトを反射して、まさに宝石のごとく美しく輝きだすという趣向である。

また会場全体の演出として、うまく利用されたのが回転するサーチライトである。軍艦などで使用されていた「探海回転灯」を応用、三ヵ所に数十もの投光器を装置して、回転しつつ種々の色合いの光を空に投射し虹やオーロラのごとき光線を天空に照射した。煙をわざと立ちこめさせて、そこに投光し、あたかも彩雲のような様子を見せる仕掛け、扇型に幾筋もの光を発し、それを回転させて火の車のように見せる演出など、いずれも新たな試みが採用された。

会場を実見した建築家武田五一は博覧会場全体の光の量を計算し、トータルで二六億燭光になったと記録している。帰国後、彼が調べたところによると、この数字は当時、北海道から九州、台湾まで国内に所在したすべての電灯数の六〇倍を超える値であった。電気にかんする事情が、彼我にかなりの相違があったとはいえ、当時の日本人の想像を絶する夜景であったことが推察できる。

電気博覧会、新技術の移入

とりわけ斬新な会場照明が求められたのが、東京・大阪で大規模に開催された「電気」そのものを主題とする博覧会である。東京では大正七年（一九一八）三月二〇日から二ヵ月間にわたって、上野不忍池《しのばずのいけ》周辺を会場に「電気博覧会」が開催されている。会場内では電力会社や電気機械のメーカー、および軍や逓信省など官庁の出展がならんだ。話題となった出展例を列記するならば日本陶器株式会社の絶縁試験、主催者である日本電気協会の「家庭と電気」の展示や「電気孵卵《ふらん》器《き》」の実演、大日本電球株式会社の「スメラ電球」の実地製造、水力発電所の大型模型などがあった。また第二会場には滝のライトアップ、回転機など娯楽性の高い出展があった。

会場照明にあっては、先のパナマ太平洋万国博覧会における方法論が意識された。ハイライトは入口正面に建設されたシンボルタワーである「玻璃塔《はりとう》」である。これなどは、まさに日本版の「宝石塔」である。ここでは、白色塗料で硝子板を外装することで「穏和なる散光」を見せる点に新味があった。また神戸の川崎造船所から一〇基、海軍から三基の探照灯を借り受け、空中への「採光放射」をも実施された。

大阪の電気大博覧会

大阪にあっては大正一五年三月から五月にかけて、電気協会関西支部が主催者となって同趣向の「電気大博覧会」を成功させている。このイベントには安治川土地株式会社が全面的に関与、大阪湾に近い自社が保有する埋め立て地六万坪を提供し第一会場とした。また天王寺公園を第二会場とし、朝日新聞社による航空館のほか、既存の勧業館を本館として電気関連の新製品が並べられた。七三日という期間中に二九〇万人もの入場者を集めている。

第一会場は運河などで四ブロックに区分され、南西の区画には、本館や家庭電化館、参考館、交通館、動力館など建築家武田五一が設計した展示館がならんでいる。一画に、菜園や温室もある農事電化園が設けられていた。西の区画には、海外製品などを見せる外国館、台湾朝鮮館、大浴場「港温泉」があった。水路に面して、シンボルタワーである水晶塔がそびえたっていた。東の区画には迎賓館および広告塔がある。広大な東北ブロックは余興のためのエリアに充てられた。弁天池を中心に各種の遊戯機械が設置されたほか、矢野と有田洋行の二大サーカスの興行館、大噴水、人間製造や台湾舞踏館、国際演芸館をはじめとする各種の興行館で占められていた。

大阪における電気博覧会開催にあたっては、事前に専門家からなる照明委員会を設置し、どのような照明ができるのか事前に検討がなされている。委員会では、前年度、東京で実施された「電気文化展覧会」で、瓦斯《ガス》入りの電球から失火したことに対して注意が喚起された。電気のある生活を啓蒙する場にあって、電球からの火災だけは避けなければならない。先年の火災の原因を調べると、電球の近くに可燃性の装飾があり、それが電球を覆うようなかたちになって火がでたことがわかった。大阪ではその種の事故を防ぐべく、規制が設けられた。

会場照明で面白いのは、第一奏楽堂のライティングである。音楽に応じて明暗を変え、変化をつけることが可能であった。また噴水の電照では、これまでにない工夫がなされた。池面の水中を明るく照らし出し、硝子張りとした側面から生きた魚が明るい水中を遊泳するところをのぞき見ることができた。また水晶塔の照明計画などは最先端を行く試みであった。タワーの下部地上一〇メートルほどのところから五段に滝を落とした。色硝子が張られた頂部と中央部分、そして滝の内部に照明器を装置し内から外を照らし出すことで、五色の光が建物の外に発散した。当然、外部からの投光もあって、双方の光が混じりあい、これまでになく美しくシンボルタワーの演出がなされた。

また天空を照らすため、川崎造船の所有する一七基、海軍省から借用したもの三基、あわせて二〇基の探照灯が設置され各種の色彩の光を踊らせた。また大阪湾に派遣された軍艦からも日没とともに、会場内をめがけて探照灯での投光があった。天空を舞台として光によるスペクタクルが展開されたわけだ。第二会場でも投光が効果的に使われた。屋上に仮設された高さ一八メートルの櫓《やぐら》に三基の巨大な探照灯を設置し周辺の空を照射した。櫓の両面には「電気大博覧会」の五文字を示し、自動点滅を行なった。

図24　電気大博覧会 水晶塔

街灯の普及と商店街

ヨルミネーサン？

程なく瓦斯《ガス》が点《つ》くやうになつてからは「ろく屋根」と称した楼上のヴェランダの下……ちようど正面大玄関の上部に……花瓦斯が煌々《こうこう》と輝いて居た。これがネオンの元祖であつた。電燈が始まつて間もなく、公園六区の、今の大勝館《たいしょうかん》あたりに「ゼム」の二字がイルミネーションで広告されたといふので、夕方から瓢箪池《ひょうたんいけ》のほとりは見物の群集で賑はつた……といふ時代である。家の婆やなどは其《そ》の名をすら、ヨルミネーサンだの、イムネリーションだのと間違へてゐた

（木村富子『随筆浅草富士』双書房、一九四三年）。

浅草にはじめてイルミネーション広告が点《とも》った時の回顧である。博覧会で試験された夜

景は、わずかな時間差をおいて実際の市街地、とりわけ盛り場などの商業地にあって応用される。明治末に開業した大阪・新世界は、シンボルタワーである通天閣を中心に専門店街と興行街をあわせもつ新たな盛り場であった。そこにあっても各建物をふちどるように電球がつけられ、かつてないイルミネーションを現出させた。博覧会場の光景を日常化したわけだ。

もちろん博覧会だけが契機になったのではない。さまざまな国家規模の祝祭にあって、電気を用い、光でみたされた都市の造形が示された。たとえば日露戦争後の凱旋《がいせん》式典、あるいは大礼記念事業などのさい、都市のなかに仮設された祝典会場、そしてパレードの実施される大通りなどはイルミネーションで飾りたてられた。また観艦式などにおいては、満艦飾の形容のとおりハレの装飾で充たされた各戦艦が隊列を組み、探照灯が海面を美しく照らしだした。このような市街地を舞台とするイベントでの経験を通過点として、人々は夜景のありように従前以上に強い関心を持つようになる。

街灯普及の背景

盛り場や商店街など、都市における商業地区の夜景の発展を考えるさい、デザインを施された街灯の普及が前提となるだろう。西部均は昭和初期の専門誌や新聞の記事を駆使しつつ、都市行政のなかに街路照明をめぐる言説がどのように組み込まれていったのかを精緻に実証している（西部均「建造環境としての街路照明と近代都市社会のダイナミズム」『地理科学』第五四巻第四号、一九九九年）。

西部は東京市政調査会が発行した冊子『街路照明』（昭和二年）での分析を参照する。そこにあって都市照明の不備は、都市社会が抱えた矛盾点のひとつであり、国内外の調査から、明るい街が通行人を引き付けて商店や町内、さらには都市全体の繁栄に繋がると位置づけられていることを確認する。さらに街路照明の美しさの度合いが、その都市の繁栄と文化の程度を物語るという価値基準が加味されている。また、とりわけ東京にあっては、関東大震災ののち街灯が復旧せず人々が困窮した経験から、「公安防災の基準」による普遍的価値が浮上したことを指摘する。帝都復興を模索する東京にあって、東京市政調査会は街路照明に「交通の安全、犯罪の防止、商業の発展、都市の装飾」という四つの規準を求め、市内全域の「包括的」な街路照明整備による都市の「品位向上」をもくろんだのだ。

大阪ではどうか。西部は昭和三年（一九二八）の御大典《ごたいてん》を祝う街路装飾が設けられ、「明るさ＝歓喜」の演出で街が充たされる時間と空間を市民の誰もが経験し、そこに「国家繁栄」というメッセージを受け取ったと考える。その経験を通じて、翌年にも行幸路となった堺筋をはじめ市内各地の商店街で街灯が整備されていったと分析している。

このように都市行政に組み込まれ、街路照明は普及していく。ただその過程にあって、商店やその集団である商店街が主体として担った役割は小さくない。先に示した四つの規準のなかでは、「交通の安全、犯罪の防止」という二項よりは、むしろ「商業の発展、都市の装飾」の項を各商店街は重んじたことだろう。それは街に明るさを生み出すだけではなく、感覚や美観に訴えかける「夜景」の創出であったと言い換えることができるのではないだろうか。

京都の鈴蘭灯

街灯によって都市の美観を創出しようとした先駆として、京都の事例をあげることができる。古都にあって電灯の普及をうながした契機は、西部が分析した大阪と同様、大正天皇の御大典事業であった。京都電灯は大正四年（一九一五）一一月、四条通奈良物町において従来のガス灯を廃止、町内の共同出資による二〇基の街路照明灯を建設した。中央に一灯を掲げ、四方に四灯を吊り下げる五灯式、鋳鉄製のものである。「本邦街路照明の嚆矢《こうし》」「近代式街路照明の濫觴《らんしょう》」などと呼ばれる事例である。

以降、四条通の各町内も追随、大正九年ごろには欧米都市の最新型を参考にした丸型柱ミッションスタイルの照明灯が、四条大橋から烏丸《からすま》に至る区間に設置されるにいたる。こ

図25　日本最初の鈴蘭灯
（京都市）

図26　鈴蘭灯（神戸市）

の照明を、ちょうど来日していた米国ウェスティングハウス社の社長が「日本における唯一のストリート・ライティング・システム」であると誉めたという（『京都電灯株式会社五十年史』、一九三九年）。

京都電灯では、歩道と車道の区別のない小売商店街にあって、曲線状に鉄製の支持柱を設けて複数の電球を吊すことで、街全体をあたかも「灯火の隧道《トンネル》」のように演出する「アーチ式照明」を創案し、その設計を京都帝国大学建築学科の教授職にあった武田五一に依頼する。武田がデザインした灯火は、まず寺町通四条・五条間に、ついで三条・四条に設置された。これが、いわゆる「鈴蘭灯《すずらんとう》」である。姿形を端的に表現する絶妙なネーミングであるが、先例が欧米にあったのだろうか、不勉強にして知らない。その嚆矢は京都寺町通りの事例であったといい、この「本邦最初の鈴蘭灯」は祇園祭の山鉾《やまぼこ》巡行にさいして邪魔にならないよう、配慮がなされていたという。

近代的個性美

さらに京都電灯は、祇園《ぎおん》石段下には「祇園会《え》の気分をそこなわない」ようなデザインの灯柱による四六基、南北の幹線である烏丸通りには目抜き通りにふさわしい「雄大壮麗もの」を武田五一の設計で建設している。その総数は大正年間だけで八五〇基を数えたという。

その後も都市計画によって拡幅された河原町には新興の街路にふさわしいデザインの街灯を、木屋町には情緒ある和やかな光を投じる灯火が用意された。さらに昭和三年の御大典事業にあって、各町内が街路照明灯の増設を競い合った。結果として、街路の性格に応じて、また商店会などの好みを反映しつつ、あまりにも多種多様の機器を使うかたちになった。

この京都での試みが大都市にそして地方都市にも普及する。とりわけ鈴蘭灯は人気があり、各地で模倣する例があとをたたなかった。神戸元町、大阪、横浜、東京のほか、広島などでは主要道路の大部分が多灯式の街灯を採用している。しかし鈴蘭灯に対しては専門家からの批判があった。たとえば大阪市電気局技師内田幸夫は、大阪の事例を指して、鈴蘭灯そのほかの多灯式は「夜間に於ける街の賑さのためであって、街路照明と言うよりも、装飾灯に属するもの」であって、「昼間の体裁、能率、電球費、保守費等」に欠点があり、また交通の見地からいっても感心したかたちではないと強調している。

さらに内田は経済的な事情が異なるいくつかの町内会が、他と同じ形式を採択するのを「潔《いさぎよ》し」と考えず、ことさらにデザインを変えている状況についても、街路灯の統一を破る原因となっていて問題があるという認識を示している。この種の批判は、京都にもおよんでいたのだろう。京都電灯の社史では「統一を欠くという評もあるが、その建設は全く市民各戸の共同出資によって建設された故に、意匠の考案も各々その街の特色を現はし、然も全市の調和を破らず、旧都の気分をそこなふまいとした努力の結果であって、寧《むし》ろその方が近代的個性美を発露せしめたものとして称讃する向も多かった」と設置者の立場からの反論を掲載している。

ネオンサインと電飾広告

ネオンサインの導入

商店街や商店が生みだす夜景は、昭和初期、ネオンサインの大量供給が実現して、一気にその質が変わる。ネオン管を曲げて造作するネオンサインは広告と電気照明という、ある意味で現代の消費文化を象徴する二種のアイテムが融合した成果品であろう。

日本にあっては、大正七年（一九一八）、銀座の谷沢靴店が採用したのが最初の事例という。東京報知機会社の専務三好某が土産《みやげ》として持ち帰ったアメリカ製の三本の赤色ネオン管を、ショーウインドーの装飾に転用したのだと伝えられている。また大正一一年には小曾根某が、これもアメリカからNEONの文字を描くネオン管を持ち込み横浜の広島屋旅館に点《とも》している。

自社の文字や商標などを描く独自のサインとして、はじめてネオンを利用したのは白木屋大阪店である。大正九年には阪神急行電鉄の梅田駅一階に五五坪を借りうけて、日用雑貨や食料品を販売する「梅田出張所」を経営し成功を収め、小林一三が構想したターミナル・デパートの先駆けとなったことは、すでに述べたところだ。

翌大正一〇年一〇月、白木屋は本格的な店舗を堺筋備後町《さかいすじびんごまち》に開業させている。大正一一年、支配人石渡泰三郎は、パリの万博会場で実見した新発明品のネオンサインを導入しようと思いつき、「SHIROKIYA」の九文字のネオンをフランスに特注する。紆余曲折《うよきょくせつ》の末、大正一四年に到着した赤色のネオンを大阪支店の正面七階に飾り付けた。しかしゆらめく見たこともない光をみた大阪府の役人が火災の危険があると誤解して一ヵ月ほどで撤去を命令する。やむなく関東大震災後、バラックで営業していた東京店の門前にこれを装置することになった。これがわが国における本格的なネオンサインの嚆矢《こうし》である。

ネオンサインの国産化

翌大正一五年（一九二六）、東京電気（のちの東芝）がネオンサインの国産化に成功する。日比谷公園での納涼会で「東京市主催納涼会」の文字を点灯し、おおいに話題になった。男の子と女の子が向かい合ってシャボン玉を吹いているユーモラスな絵柄である。闇に子供たちの輪郭と八つの風船のなかに八文字が浮かびあがる、なかなかにしゃれたデザインであった。

当初は安全性への懸念があったが、昭和初期にかけて各地の盛り場にあってカフェーやバー、食堂などの装飾灯としてネオンサインが普及する。大阪ではキャバレーグランドパレスが、世界有数といわれた長大なネオンを設置した。また名古屋の大須観音には提灯型のネオンアーチが掲げられている。上野駅の地下鉄ビル正面には、直径一八メートルのネオンによって文字と針が発光する世界最大の「ネオン時計」が設置されている。大阪道頓堀には「ネオン・ライト船」が現れ、「青いネオン・ライトを、銀灰色に塗り立てた船の周囲にとり囲らせ」て営業をしていたと報告されている。

東京逓信局の調査では、昭和四年（一九二九）ではわずかに三〇ヵ所の新設しかなかったが、以後の三年間では、毎年一二一ヵ所、二六一二ヵ所、一三一七ヵ所が増加している。昭和六年以降の急増が注目される。この時期に点灯されたネオンの半数が、カフェー、バー、レストランといった飲食店に掲出されたものであり、警視庁保安部の錦田直一は「都市中心部の繁華街、銀座、浅草、新宿等では昭和七年ごろに既に飽和状態に近付き、其後《そのご》は都市周囲部の商店街に於て多く取り付けられたと見るべき点が多い」と記している

図27 上野駅前地下鉄ストアー大時計

(『第四回全国都市問題会議総会二 研究報告』同会事務局、一九三四年)。

当初はただ単に光るだけであったが、やがて多様な色光のものが登場、さらに複雑な明滅が可能となる。船越幹央は安藤更生の『銀座細見』の次のような記述を引用しつつ、わずか数年の時間の流れが人々の意識を鋭く変えたことを指摘する（『日本を知る 看板の世界 都市を彩る広告の歴史』大巧社、一九九八年)。

「紅い灯《ひ》、青い灯」という言葉がある。それはいつの世にも、都会的な華やかな、何か折華《せっか》攀柳《はんりゅう》的な空気を表す言葉だが、その発光体は時代によって著しく異なっている。……現代においてはネオンサインだ。道頓堀行進曲はどうしてもこのネオンサインを歌うものでなければならぬ。

要するに等しく盛り場の「赤い灯、青い灯」であっても、着色電灯による「のんきなイルミネーション」の時代が終わった。より刺激的なネオンサインが同時代的であるということであろう。

電灯広告の多様化

このような時世を背景として、電灯広告の類を専門に手がける業者も各地に登場する。大阪でいえば、新世界に店を構えていた浮田装電社などが著名である。大正時代にあっては大阪駅前や戎橋界隈など、ネオンサインの集中するエリアの巨大看板を一手に引き受けていた。

その業務内容は、『実業界新年増刊　大阪模範百商店』（同文館、大正四年一月）に詳しい。創業者である浮田仙太郎は明治一五、六年ごろの生まれである。姫路書写山で育ったのち、一〇歳の時に姉の嫁ぎ先である尼崎の浮田家の養子となる。絵が得意であったがゆえに、家業であった雨傘製造のかたわらペンキで看板を描きはじめた。のちに看板屋・広告業を本職にするのだが、ある企業からの依頼を契機として電灯を明滅させる広告を開発する。

浮田電装では独自にユニークな広告看板を開発した。特許広告回転機・キネオラマ式・

ドリムランド式・スップリング式などの名前が残る。詳細は不明だが、自動的に回転する標柱のような看板で時間がくると照明がともるタイプなどもあった。また「浮田式三等寝台車」という新発明もある。乗客が寝過ごさないように、車中にあって次に停車する駅名を自動的に示す、回転式の表示板を装置するものであったという。浮田は先見の明のあった看板屋というべきだろう。また歓楽街のなかでも特徴的な道頓堀界隈の夜景を生み出したという点を評価するならば、ライティングデザイナーの草分けであったとみなすこともできるのではないか。

街路照明と都市美

照明から形態へ

デザイン性の豊かな街灯やネオンサインが地方都市にまで流布した昭和初期は、従来のように明るさの確保を主目的とした段階から演出性を重視する方向へと、夜景のありようが転換した時期とみることができるだろう。雑誌『商店界』昭和五年六月号に「照明から形態へ」と題された短い評論がある。そこには、都市にあって電気がある程度は普及し、その意味あいが変わったという認識が示されている。

商店にあってもその初期においては、電灯にはまず「明るさ」が求められていた。各商店経営者は、照明を利用することで夜も昼のように明るくして商品の色合いや質がまちがわれないようにこころがけていた。しかし人間の作った光は、もはや「あかり」というものではなく、「形態」として進歩するべきだという。昼では得ることのできない夜だけの「人生の美」があるはずだ。単に明るくするだけの照明は「科学」である。光を形態的に用い、「あかり」で装飾することで、それは「芸術」となる。この評論では、ネオンサインも単に毒々しく濃い色彩を示すにとどまらず、日本趣味にあふれる「町人の芸術」となることを『枕草子』の一節を引きつつ強調している。

本文のあとに電灯会社への提案が続く。各店が自前で設置する店頭照明や飾り窓の照明も、商店そのものの利益を得るための手段であると同時に、公共的な美観と都市の繁昌に関係するものである。だから街灯ほどの割引料金とはいわなくとも、一般家庭や工場・事務所よりは、おのずと料金を低くして欲しいと要望する。商店の広告照明や街灯だけでなく、商店街のイルミネーションなどもまた、「都市美」の重要な構成要素であるという商店側の主張をここに読みとることができる。

都市美と看板照明

「都市美」の観点から商店の「あかり」のありようを考えるべきであるという同様の主張は、電力業界の側からも提出された。たとえば『商店界』昭和五年三月号には、「最も合理的な看板照明の選び方」という一文がある。

執筆者は大同電気の竹内正男という人物だ。

竹内は「照明花形時代」と書く。「あかり」は刺激的であると同時に誘惑的である。商店の看板にあっては「あかり」が印象的であり吸引的であるという。照明装置は安全に、合理的に、かつ美術的になされなければならないと主張する。さらに竹内は看板に良い照明を施すことは、「社会の家である都市美の問題」であると強調する。商人は「私の家」である家庭とともに、「私共の家」である街路を美化する必要がある。看板照明に配慮することは、「私共」の家を美化して「都市を詩化」することであり、なおかつ商店街を「饗宴の場所たらしめる理想」であると断定する。そのためにもまず各店主は、自分の街を愛する都市美賛美論者であることを自覚すべきであると強調する。一定の場所に固定された看板は、引札や新聞広告よりも、はるかに多くの人の目に触れる。そこが盛り場であるならば、二、三ヵ月のあいだに、一〇〇万人の人々の胸に美しい「広告的誘惑」を与えることになるだろう。だからこそ看板照明にかんする「合理的研究」が必要なのだと説く。

さらに竹内は、看板照明の本質は飾り窓と同様に光源を見せることではなく、むしろ隠すことで「光を利用すること」にあると述べる。ネオンサインはできてから日が浅いので光源をそのまま見せているが、それは照明の本質ではない。合理的に考えれば、看板照明が人の注意を喚起する力はその明るさによって左右されるものではない。むしろ照明の効果を美的に印象づけ親愛の情を感じせしめる点を重くみるべきだ。「明るさ」は「マブシイ」ということではない。明るいということは、「良く」「楽に」「はっきり」と見えることである、と書いている。

街頭の光と色

ネオンサインにかんしても、美観からデザインのありようをめぐって議論がなされるようになる。昭和八年（一九三三）、大阪の中之島で「電気サイン会」が実施された。照明学会照明智識普及委員会の応援を得つつ、東京、京都、神戸のあとを受けた啓蒙イベントである。大阪市電気局電気普及館技師であった内田幸夫は『大大阪』第九巻第一〇号（一九三三年）に、このイベントを紹介する文章「電気サイン展の視覚から」を寄稿している。そこにあって内田は、「電気の応用は今日尚ほ躍進への途上にあり、従つて電気サインもその広告的使命から都市美的使命への向上を示しつつある」という現状認識と、「その快い色彩の調和と明滅転換のテンポの統整とによつて、その使命を果たす事が電気サイン今後の動向ではないか」という見通しを書いている。

いっぽうで規制緩和を求める声もあった。自由に電気サインが掲出されたわけではなく、都市ごとに異なる規制と基準があり、それが夜景のありように影響を及ぼしていたようだ。

『大大阪』第八巻第一〇号（一九三二年）に笠井芳南は「街頭の光と色」という一文を寄せ、大阪における電気広告取締規則の改正を求めている。

笠井は、震災復興後の銀座の街並みを称して、「上手に化粧されている」と評する。その真意は「広告看板にあらゆる努力が払われ、美をもつて醜を覆ふことによく成功している」点にある。ところが大阪ではそうではない。遊歩街である心斎橋筋も道頓堀も、千日前も新世界通天通りも、銀座のような自動車や電車の騒音がないにもかかわらず気安さと落ちつきをもつことができない。街から快感を受ける事態はおよびもつかないと述べている。

その理由は、広告の構造と装飾に無理があり、家並みの不揃いが露出されてしまっているからであるという。当時、大阪の広告物取締りは厳しかった。建築線の外側一尺五寸（約四五・五センチ）以上の張り出し看板は禁止され、屋根看板は高く掲げることができず、またベランダへの看板設置は認められていなかった。これに対して東京銀座などでは自由度があり、家並みの不揃いを看板類が補い、「快よい色調とあいまつて街全体の調和統一がとれ、街頭美を増大させると共に商店街としての潑剌たる生気を現し、行く人の眼に快よい感じを与えて」いる、と書いている。

とりわけ笠井が強調するのが軒先の電飾、ネオンなどの電飾広告である。銀座では「洗練されたもので、光の美、色彩の優、共によく之《これ》を消化してそれぞれ好位置に配し、満点の広告価値を持たせて街に一層の美観を添えている」と述べる。いっぽう大阪でも道頓堀付近は「光の洪水」であり、なかには充分に広告価値を有する看板もあるが、単なる「光の浪費」に過ぎないものが概して多い。さらに心斎橋筋、道頓堀、千日前、新世界におよんでは、特殊な広告を除くと成功しているものは皆無であるとみている。それは広告主や業者の技術的な問題でもあろうが、それ以上に「窮屈千万な取締法」に問題があると指摘している。

電化のミレニアム

「白い都市」から「白い道」

アメリカの博覧会場にあって、パビリオンのならぶ擬似的な都市を「ホワイト・シティ」と呼ぶ場合がある。昼間は威風堂々とした建築群が街並みを形成し、夜には電気照明で美しく照らし出されるのが常であった。電気は文明のシンボルであり、そして人工の灯火で充たされた夜間の会場風景は、いわば「進歩する都市」のメタファーであった。

博覧会場に出現した「白い都市」は、現実の都市のモデルとなった。やがて電力の供給能力が高まると、都市における主要な道路沿いに街路灯を配置し、同時に沿道の商店が店舗の外観や看板を電気で演出しはじめる。個々の明かりが連鎖することで、高所から見晴らすと、闇の中に白い道筋が一直線に伸びるさまを望むことができるようになった。その様相は「グレート・ホワイト・ウェイ」などと呼ばれたようだ。当時の日本における文献では、「超白日街」などと翻訳されている。

道路だけではない。高層建築が立ちはじめた都市にあっては、ビルディングをライトアップすることが企業イメージの向上に、また広告に役立つという考えが定着した。この時期に登場したこの種の夜景に触れて、ある新聞記者は「白魔術」「電化のミレニアム」などと論評した。もちろん照明のなかに浮かびあがったのは都市だけではない。自由の女神像やナイアガラ瀑布といった国家的なシンボルのライトアップも始まる。

明かりの名所

ここでは同様の「電化のミレニアム」が一九二〇年代の日本においても実現していたことを、確認しておきたい。照明学会照明智識普及委員会関西委員会は、昭和八年（一九三三）に刊行した『京都 大阪 神戸 明りの名所』という冊子を編纂している。巻頭には委員長である石川芳次郎が寄せた、以下のような一文がある。

衣食住を生活の三要素とする事は古来の常識である。然《しか》しながら昼間より夜間の生活の延長を求めつつある近代生活には、電灯照明が衣食住と共に重要な一要素であらねばならぬ。

殊《こと》に夜間を享受する近代人の感覚には照明を無視した建築美も都市美も存在しないし、その消費的な夜間に於《おい》ては照明を考慮せずに商業の繁栄も都市の殷賑《いんしん》も之《これ》を期待し得ない。

慈《ここ》に於《お》いて世人は競って照明の改善に意を注ぎ為《た》めに各所に照明の美を誇るものが出現するに至った。

この冊子は関西の事例から「新しい模範照明」を使用した「明りの名所」を紹介しようと意図された写真集である。外廓《がいかく》照明・電気サイン・街路照明・橋梁照明・店頭照明・標識灯という屋外照明にかかわる項目のほか、ホテル・劇場・ダンスホール・停車場・寺院・学校・運動場などビルディングタイプごとの屋内照明に注目しつつ章立てがなされている。

全体を通覧すると、この時代に多く建設されるようになった商業施設にあって、「明りの名所」に値する照明を装置している事例が多いことが理解される。屋内に限るならば、ダンスホールやホテルに使用されたアールデコ調や和風の豪華なシャンデリア、劇場の天井照明など画期的な手法が紹介されている。また料亭や料理旅館など和風建築にも、ふさわしい照明器具の事例が示されている。

模範的照明の紹介

『明りの名所』は「外廓照明」を冒頭で紹介する。今日の用語で言えばライトアップということになるのだろう。姫路城天守閣や復興されたばかりの大阪城天守閣など城郭をのぞくと、ビルディングやカフェーなどモダニズム建築が多い。商店でいえば、京都の寺内時計店やスター食堂など、建築と電気看板を一体化しているように見せる技法に注目している。ちなみに国産の投光器としては、大正四年（一九一五）に東京電気株式会社、のちの東芝が製品化を果たしている。

「電気サイン」のページでは、道頓堀や新世界など歓楽街の事例が多い。またキャバレー赤玉のように直接文字を描くネオンと、間接照明やガラスブロックを駆使して透過光を見せるものなどが特記されている。

「街路照明」では大阪の御堂筋・堺筋、京都の河原町をはじめとする主要道路のほか、心斎橋筋や戎橋筋、京極や元町など盛り場を貫く商店街の夜景が京阪神三都から選ばれている。なかでもユニークなのは御大礼を契機に整備された心斎橋筋の照明計画である。九《メートル》間隔で街灯を設置、また交差点に方形に鉄骨を組んだ照明器具を設けて、その上方に光が織りなすドーム状の照明器具を掲げている。

図28　大坂城天守閣（『京都 大阪 神戸 明かりの名所』）

図29　キャバレー赤玉（大阪道頓堀，『京都 大阪 神戸 明かりの名所』）

「標識灯」の項には、朝日ビルディングから天空に向けて照射されたサーチライト、三越百貨店大阪店や歌舞伎座の屋上の明かり、生駒山上の電灯などが選択されている。

朝日ビルディングの標識灯

なかでも昭和六年（一九三一）九月に竣工した朝日ビルディング屋上からの投光は、窒素電球を用いたもので五三万燭光、日本ではじめての「民間航空標識灯」ということで話題になった。大正時代から各地の新聞社は、実用化されつつあった飛行機をうまく使い、飛行競争やアクロバット飛行の興行など、さまざまなメディアイベントを展開した。なかでも大阪朝日新聞社は早くから航空事業に力を入れてきた経緯がある。新聞社が新しく建設した社屋に航空標識灯を設置したことは、市民も納得のいくことであっただろう。

ただし多くの人々は、その機能ではなく、むしろ都市の空に常に帯状の光が流れているということに関心を示したようだ。もちろん繰り返し述べてきたように、博覧会場などでは天空照明がなされてきた。また日常的にも灯台からの投光を見ることはあった。しかし都市のランドマークとなる高層建築の頂上から、空に放たれる光は見なれない新しい風景であった。

『京都 大阪 神戸 明りの名所』の冊子の表紙も、この朝日ビルディングからの投光を描

図30　朝日ビルディング（大阪中之島，『京都 大阪 神戸 明かりの名所』）

いた風景画が採択されている。この光の束にかんしては、次のようなエピソードが残されている。ある人が生駒山上からその光を見ることができるという。これに対して、さらに距離のある京都清水寺の舞台からも見えたと主張した人がいたが仲間は信じない。真偽のほどを賭けにしようという話になり、わざわざ京都まで皆で出向くことになった。すると本当に、中之島から照射された線状の光が見えていた。結果、負けた方は祇園の御茶屋でおごらされたという（篠崎昌美『浪華夜ばなし』朝日新聞社、一九五四年）。

この航空照明だけではなく、たとえば「流動式電光ニュース」など、新聞社が市街地照明の発展におよぼした影響も検証の必要があるのかもしれない。大阪の事例では大正一五年（一九二六）に完成した朝日会館屋上に、電気の文字によるニュース速報装置が設けられている。

モダニズムの文化論へ

電灯が石油灯やガス灯に勝利して街灯のシェアを奪ってから、多彩な「明かりの名所」の誕生にいたるまで、わずかに二〇年から三〇年ほどの時間しか経過していない。その経緯を電気供給事業者たちは、「照明市場」の開発などと表現していた。ここで強調しておきたいのは、彼らがいうところの「市場」の開発は、同時に文化的な生活提案を含んでいたという点だ。

技術の進歩が市場を拓く経緯にあって、「夜の景観」の存在意義も同時に啓蒙され、人々は光の楽しみ方を確認し慣れ親しんだ。さまざまな技法によって生み出された光に充たされた「都心」、アメリカ流にいえば「グレート・ホワイト・ウェイ」が必要となったのである。

さらにいえば、このような「明かりの名所」の誕生が、大正末から昭和初期に喧伝されたモダニズムの文化に影響をおよぼしたことは明らかだ。もちろん建築デザインの領域にあって、照明のありよう、そして夜景の演出への配慮を考慮しなければいけない事例が増加した。またアメリカのシティ・ビューティフル運動にならって、都市美運動を展開した

図31　新世界（大阪ミナミ，『京都 大阪 神戸 明かりの名所』）

都市計画の専門家たちのあいだでも、夜の風景への意識がたかまったに違いない。

また一九二〇年代になると、文学・絵画・写真・映画など、さまざまな領域にあって画家や写真家たちが人工照明が生み出す陰影、すなわち明るく照らし出された建物と暗がりがもたらすコントラスト、そして都市の陰の部分を描写する作品を多く発表する。電気照明によって演出された夜景は、モダニズムの喧伝《けんでん》された時期にあって、芸術や生活文化の領域に少なくない影響をおよぼしたことが理解される。従来は看過されがちであったが、モダニズムの文化を論じるうえで、照明技術の発展とその動向を射程にいれることも必要であろう。

都市比較論のなかの大阪

都市比較の系譜

東京と大阪の商人気質

大阪で刊行された商業専門の新聞を調べているうち、大阪人と東京人の買物の方法、さらには双方の商人気質を比較するおもしろい読みものをみつけた（『商業資料』明治二七年二月一〇日）。

ここではその内容を簡単に紹介しておこう。記者はまず、東京の人は「淡泊軽佻《たんぱくけいちょう》の風」があると断定している。いったん商店に足を入れると、せめて一品は買って帰らないと店の人に対して申し訳がたたないと彼らは思う。結果、店主の方も顧客を、このうえなく丁重にもてなすようになった。ところが大阪人はそうではない。「緻密沈重《ちみつちんちょう》の質」があるとみる。「数十百店」を訪れ、「数十百品」を手に取ったうえでも、やすやすとは買わない。

午前中を費やして、あちらこちらの店を巡回、品物の質と価格を比較する慎重な客も少なくない。だから店の側も「ひやかし」の可能性が高い朝の客は、冷淡にあしらう癖がついているという。

要するに「商品」に対する客の厳しさが、まるで違っていたわけだ。それに応じて商人の意識も異なる。大阪では、愛想のよさや接客の丁寧さといったサービスでは商いが成り立たない。質が良く、安価であるという「商品」そのものの魅力で勝負せざるを得なかったらしい。

この種の言説、観察の類をどのように評価するべきか、意見が分かれるところだろう。よくある「東京・大阪比較論」のひとつのバリエーション、といってしまえばそれまでだ。しかし、なかなかに説得力があるように耳に響く。大阪という都市の事象を語るとき、「東京と比べること」の是非が常に問われる。しかし少なくとも、東京という比較対象なしには明確に語られることのなかった、ある種の「都市性」が存在することは否定できない。「相対化」を唯一の手法とする都市評論の存在意義を、むやみに批判することはできないはずだ。

三都比較論の系譜

風俗や人情、市井の生活文化、街のデザインなどを観察して、他の都市と比べる「論の立て方」は古くからある。なかでも日本を代表する三大都市、すなわち京、大坂、江戸を比較して論じた随筆や論評の類を総称して、「三都比較論」「三都比べ」などと呼ぶ。

「三都比べ」としては『歌舞伎事始』(宝暦四年〔一七五四〕)などの役者の芸談記に、三都の住民気質が記録されたのがその嚆矢《こうし》とされるようだ。以後、出版された雑多な「三都論」の蓄積のなかから、「京都八百八寺」「大坂八百八橋」「大江戸八百八町」、あるいは「京の着倒れ」「大坂の食い倒れ」「江戸の飲み倒れ」といった言いまわしが生まれ定型化していった。

「三都比較」のひとつの典型とされる著作が、幕末の文人広瀬《ひろせ》旭荘《きょくそう》が書いた『九桂草堂随筆』である。そこには「京の人は細なり。大坂の人は貪なり。江戸の人は誇りなり。京の人は矜気多く、大坂の人は殺気多く、江戸の人は客気多し」「京の人は土地を尊ぶ」「大坂の人は富を尊ぶ」「江戸の人は官爵位を尊ぶ」とある。現在につながる「三都気質」のステレオタイプがすでにここに示されている。

ここで注意をうながしておきたいことは、幕末期に定型を示したこの種の「都市比較論」に示された「まなざし」のありようである。この時期の論説には、新興都市である江戸の執筆者が、成熟した文化を持つ京と活気ある商業都市大坂を有する京阪、すなわち「上方」に対してライバル意識をちらつかせてかたちにしたものが少なくないのだ。

近代の三都論

もう少し時間線をくだろう。変革の時代であり、耳目が西欧に向けられた明治時代には「三都論」はあまり語られていない。国策として江戸＝東京への集権が明確になり、京都・大阪ともに新しい発展を余儀なくされる。都市を比較しようとする、好奇心に満ちた「まなざし」は、むしろ欧米諸国の都市に向けられていた。国内の都市比較よりは、欧米の諸都市と日本の都市とを天秤《てんびん》にかける論文や著書が、あまた出版されている。国内の「三都」を比較しようという「まなざし」のありようが、ふたたび注目されるのは大正時代になってからのことだ。しかも大阪の出版社から、その種の本があいついで刊行されている。たとえば伊賀駒吉郎『三都比較大阪研究』（大正四年）や岡田播陽『三都生活』（大正六年）などは、この時期に出版された「三都論」を代表するものとみてよい。

大阪で出版されたこれらの都市比較論を読むと、相対的に経済力が地盤沈下した大阪を鼓舞する目的があったように思われる。大阪や京都が市域を拡張、市区改正（都市計画）

の具体化に本腰をいれだした時期に符合するのも偶然ではない。とりわけ「盗む東京、売る大阪、貰う京都」といった過激な物言いを特徴とする岡田播陽の著作は、大阪在住の文化人による徹底的な大阪批判として注目される。いずれ、岡田の思索の系譜をたどりつつ、彼の都市文化観、大阪観を本格的に論じてみたいと考えている。

ともあれ以下では、大正・昭和初期に記された都市比較論、とりわけ「盛り場」「商業空間」を対象とした比較論を素材に、そこにおいて叙述されている「大阪像」を語るいくつかのキーワードを紹介しておきたい。

商業空間と都市比較

大阪と東京の商業空間を比較した観察で、もっとも知られているものが、大正時代、社会学者権田《ごんだ》保之助《やすのすけ》が行なった仕事であろう。たとえば「民衆娯楽論」「民衆娯楽問題」「民衆娯楽の基調」といった一連の論考から彼の娯楽観を知ることができる（『権田保之助著作集』第一巻〜第四巻、文和書房、一九七四〜七五年）。

民衆娯楽論と大阪

権田は都市娯楽の実態を把握するため、各地で緻密《ちみつ》なフィールドワークを展開、民衆娯楽に関する論文を多数発表している。権田の持論によれば、民衆娯楽とは、「直観性に富んだもの」「刺激の強烈なるもの」「感激的印象的なるもの」でなくてはならない。そのためにも「近代都市娯楽の重心は興行物的娯楽に横たわる」必要があると主張している。そして「新しき民衆の生活意識に根ざした民衆娯楽をもっともよく代表しているもの」として、「活動写真」をあげ、「寄席《よせ》」「芝居」とあわせて「都市三大娯楽」と称し、それらを民衆の「生活創造の精華」として位置づけている。

権田は、東京と大阪の民衆娯楽を比較したうえで、東京の娯楽の優位性を語る。東京では娯楽の内容、施設のありようにおいて、階層的な分化が明らかであると指摘する。上流階級の娯楽場の集中する銀座と、庶民的な遊び場の浅草といった具合いに、地域的な分化も顕著である。権田らは、それは近代的分化であって肯定すべきものとしている。

それに対して大阪の娯楽施設は、いちじるしく「不分化」であると抗議する。その後、この「趣味の不分化」の是非、あるいはその周辺をめぐる議論は、その後の大阪の文化・娯楽を論じるうえで常に中心的な課題となった。とりわけ権田が問題視したのは、楽天地やルナパークなどの複合娯楽施設である。楽天地は、明治四五年（一九一二）の「南の大火」後、復興の核として南海鉄道社長大塚惟明が計画した大衆娯楽施設で、三階吹き抜けの大劇場蓬萊宮を中心に各種の小劇場・遊戯施設で構成されていた。いっぽうのルナパークは、ニューヨークのコニーアイランドをモデルに、新世界の中核に設けられた遊園地である。

権田保之助は、楽天地、ルナパークといった複合的な娯楽施設の存在こそ、大阪の民衆娯楽が「不分化」であることの端的な証拠だと言う。そのほか娯楽の内容などにかんしても、舞台劇と映画劇が分化していない、出し物が分化していない、客層が分化していないなどの問題点を指摘、「プチブルジョア」の多く居住する大阪では、ほんとうの意味での「民衆娯楽」は存在せず、「はなはだチャイルディッシュなところ、間の抜けた味、突飛《とっぴ》なところ、ひっつこい味」を持つと批判する。

大原社会問題研究所の大林宗嗣も、大正一一年にとりまとめた論考のなかで、大阪の都市娯楽の現状を批判、同様に否定的な評価をくだしている。

平民性・不分化性

いっぽう、この種の論調に対する反論が示された。大正一二年に大阪市社会部が一連の労働調査報告の一冊として刊行した『余暇生活の研究』（弘文堂書房、一九二三年）である。

ここでは社会政策として「行政による民衆の善導」の必要性が強調されている。この報告書では、「民衆娯楽問題」とは「街頭に生まれた具体的事実問題」であり、「繁雑熱鬧《はんざつねっとう》の巷《ちまた》、金と煙の都のなかに包容さるる一三五万の市民にとつて砂漠の緑地ともいうべき娯楽施設の如何《いかん》は実に重大な問題」「従って民衆娯楽施設に関する子細の考察調査と之《これ》に対する政策の確立とは焦眉《しょうび》の急務である」と位置づけている。

ここでは権田が呈示した「趣味の分化・不分化」という分析の枠組みに対して、大阪を「社会階級に大差のない平民の都」であると定義、東京と大阪とでは「民衆の内容が違う」という認識から、次のような反論が試みられている。

趣味の分化は社会階級に差等のあるところに生ずる。社会階級に差等のないところには、趣味の不分化よりも趣味の平等が行われなければならぬ。しかしながら趣味が分化されてゐないという理由を以て大阪が東京より文化の程度が低いとの結論には達しない。……

大阪の民衆の主成分は労働階級と半ブルジョア階級（商工階級）であり、（略）ノンインテリゲンチャたる点においてその軌を一にしては、趣味を同《おな》うするものあるは首肯《しゅこう》し得られることである（前掲『余暇生活の研究』）。

このように大阪の文化の独自性を強調し、権田保之助らの批判に反発する。しかし、大阪における娯楽の低俗さは問題視しており、「物質的には驚くべき先覚者であるにもかかわらず精神的には哀れな後輩」である大阪の民衆に対して、より自覚を持つように喚起する。とりわけ、新世界にかんしては、「現在の状況に満足して居るならば時勢の潮流にとり残されることなきか」と辛辣《しんらつ》に述べている。

この論争から、批判するにせよ肯定するにせよ、大阪の「民衆娯楽」の「不分化性」は、誰もが認めるところであったことが理解される。「平民の都」たる大阪では階級の分離があいまいで、「趣味の不分化性」が都市そのものの特徴となされている。この論争からも、歓楽街での人々のふるまいや娯楽施設のありようをめぐる議論が、いつのまにか都市文化の本質をめぐる論議にすり替えられている様子が把握できる。

大阪式の商業空間

商品の奥に店がある——陳列の差異

商品陳列の手法や商業空間のデザインについて、大阪と東京とを比較した論考も多い。たとえば権田保之助も、大阪と東京の商店の店頭を観察、それぞれの特徴を分析したおもしろいレポートを発表している（「民衆娯楽」『中外商業新報』大正一二年一月号）。

権田によると大阪を訪れた東京人がまず驚くのは、大阪の住宅がまるで閑居を命じられているかのように陰気臭いことだという。栗茶色に塗られ、目の細かい格子が用いられている。外観は実に地味だ。しかし住宅とは対照的に、商店の表構えが「五彩陸離《ごさいりくり》」で馬鹿に陽気である。ここに文化の違いを発見する。

逆も真である。大阪人は東京の住宅がいずれも素木造《しらきづくり》で、まるで小料理屋か待合茶屋のような造作であること、そしてその割に商店の店頭が、いやに地味で陰気臭いことに驚く。権田はこの違いを商品販売にかんする考え方の違いに由来するとみている。東京では、扱っている商品のなかでもっとも安いものを店頭に置く。それが看板代わりである。高いものは、店の奥の棚、もしくは蔵のなかに隠してある。だから東京では、店頭の品物を指差して注文するのは「野暮《やぼ》の骨頂《こっちょう》」ということになる。

ところが大阪では間口いっぱいに、ありとあらゆる商品をズラッと陳列する。最高級のものも安いものも、すべて平等の扱いで並べてしまう。その店が扱っている全商品の見本を店頭でみられるわけだ。しかも商品名と値段をペンキで書いた立て看板を店先に立てるのが常であった。店に入る前にどれを買うべきか胸算用ができることになる。

東京の店は、なかに入ってみなければわからないが、大阪では通りすがりですべてがわかる。大阪と東京とでは商品の情報を表にさらす、その基本的なスタンスがまったく違っていたのである。

この差違をわかりやすくあらわしているのがバーゲンセールの方法である。ふだん良い商品を奥にしまいこんでいる東京では、「蔵払い」と称して、表から見えていなかった商品を売りさばくことを謳《うた》い文句にする。ところが大阪は、店頭で「売るぞ、売るぞ」と空《から》誓文《せいもん》を濫発《らんぱつ》していた商品を安く処分するため「誓文払い」を行うことになる。

権田の分析はさらに続く。このような商品の陳列にかんする意識の違いが、まったく違う店構えを生み出した。直接的に商品情報を呈示することを避ける東京では、近代的な陳列窓が必要となる。店の奥にある商品を通りすがりに透視させる装置として意味を持つ。ところが間口いっぱいに商品を派手にディスプレイする大阪では、陳列窓はほとんど役に立たないというのだ。「東京では店の奥に商品があり、大阪では商品の奥に店が発見される」と権田は書いている。

表現のなかの「大阪」

看板などの街頭広告ではどうであったのか。雑誌『広告界』のバックナンバーをながめていると、昭和初期の広告業界、さらには東京や大阪における広告表現の特徴がよくわかる。

大阪における広告についても興味深い観察がある。たとえば同誌昭和六年二月号には、「大阪—街頭広告新風景　カメラによるモデルノロジオ」と題する考現学的な観察文が掲載されている。そこでは下駄をそのまま巨大化させたハリボテ看板、八〇〇枚ものチラシを張りつけ店を覆いつくした不動産屋、「品は悪くて値は高い　ないものはない」という袋物屋のへそまがりな広告が、いかにも大阪らしい事例として紹介されている。また同じ昭和六年の五月号では、「大阪と東京の陳列窓」という写真グラビア、考現学的に大阪の広告表現を紹介する「大阪広告オンパレード」、広告関係者による「大阪の広告を語る座談会」が掲載されている。

このときの座談会での発言から、大阪の広告の特徴についてどのように語られているかをみてみよう。出席者は六名、おもに企業の意匠部に属する人たちだ。出席者がまず第一に強調するのが、百貨店広告の「あくどさ」である。


「大阪では……あくどいのでないと広告効果が少ないのです」

「大阪ではあくどいのが効果があります」

「大阪は他との競争が激烈であるため、勢い強くなるのです」

「これでも大阪の広告はあくどい絵がなくなってきているのです。昔はそれはひどいのがありました。（略）それに広告のむやみに大きいものが小さくなってきています」

「それだけ以前より特色がなくなったようです」

「でも、あくどいのがまだ多い。どうも大阪のはあくどいのが特色です」


まわりくどい会話を続け、結局、出席者のほとんど全員が大阪の広告の「あくどさ」を特色と主張する。自省のうえにたって、いくぶん否定的なニュアンスが感じられるが反論はない。ただ彼らがどういう要素を指して、「強い」あるいは「あくどい」としたのかは推測するしかない。実際に当時の広告などから類推すると、派手なイラストを用いなおかつ画題が昔ながらのものであること、ときによっては地口を用いるコピーのセンス、そして値段などを明記する直接的な表現などの特徴を総合して、「あくどい」と称したかったようだ。

第二に指摘されているのが「エロ広告」のひどさである。北浜の料理屋が「エロなべ」という新メニューの広告を出し「特許出願中」と謳ったこと、カフェが実際に女給にキスさせたチラシを「キッス進呈」と題して配り警察に取り締まられたことなど、いくつものエピソードが語られている。これもある意味での「あくどさ」であろう。

第三に強調されるのが、大阪では商業美術に対する社会的な認識が低いということである。広告主の意識が低く、芸術性の高いものよりは旧態依然たるデザインを好む。対談では現状を打破するために実践的な商業美術家の教育機関の設立とともに、「広告主の教育」を望んでいる。大阪独特の「あくどさ」は、何よりも広告主の意識の低さによるといいたかったのだろう。

大阪式店舗設計

では店舗のデザインはどうだったか。戦前期、店舗デザインを主導した先駆者たちはどのような方法論を採択していたのだろう。たとえば戦前期の大阪を代表する商店設計家に松田逸郎がいる。松田は昭和八年（一九三三）に自身の事務所を開くいっぽうで、みずからが主唱者のひとりとなって「商店美化連盟」を結成し、モデル店を共同経営して店舗の改善をアピールした。戦後も心斎橋を中心に、喫茶店や洋品店の改築を数多く手がけている。ガラスのファサードを大胆に採用したモダンな店舗デザインは「松田スタイル」と通称され、ほかのデザイナーの手本となった。

松田がほかの設計家と違ったのは、店舗の改築にあわせて営業形態の改革をも行うべきだと、むかし気質の商店主を説得してまわった点にある。和装小物の店を高級洋品店にあらためるなど、思い切った提言をして成功にむすびつけている。一種の経営のコンサルタントである。「この店をこう改装したら、なんぼ儲かるんだ（どれほど儲かる）」といって施主を説得してまわったという。のちに松田本人は「小売商業の演出家であった」とみずからを振り返っている。

今西茂雄も有名である。道頓堀の巨大な蟹の看板や、絶壁の岩肌を再現した店舗のアイディアをだしたデザイナーとして知られる人物だ。彼は『商店建築』一九七六年八月号に掲載された「大阪式店舗設計法」という小論において当時を回顧、先輩である松田や自分自身の設計論を分析している。

今西の指摘する「大阪式店舗設計」について、彼自身の言葉から抜き出してみよう。

「喫茶店とか店舗とかを造るにあたっては、大阪の施主さんは一応東京の同じような店を見に行きましたね。でも東京がはやっているというても、そのままもって来てもアカンのです。大阪ではいわゆる大阪の泥臭さを加えんとダメなわけです」

「東京というところは何でも一度抽象化しないとダメで、ストレートな大阪的意匠はなかなか受けつけない」

「（ストレートな大阪的意匠は）たいてい施主さんの道楽で、施主のアクの強さがああいったものを造らせている」

「あんまりスカッとし過ぎると商売としてもはやらんわけで少々問題ですな」

「（銀座とちがって）大阪では、特に心斎橋の場合、そういうカッコ良いデザイナーを連れて来てやるものはなくて、堅実な、隠れた人が頑張っています」

「東京と違って大阪の場合ですと、最初に『お宅の設計料なんぼでっか（いくらですか）』と聞かれる。『これこれナンボや』というと『よそやったら、これ位でやってくれまっけど』とネチネチやられるわけです」

今西は結論として、「自由闊達《かったつ》にしかもソロバンはうまくあわす」ことに「大阪式店舗設計」の極意をみてとっている。規則違反はものともせず、施主の道楽と好みを第一に尊重、直接的で実質本位の店舗デザインをかたちにしてきたのである。

都市イメージと商業空間

盛り場から抽出された「大阪像」

ここで紹介したわずかな事例から、論を展開することはあまりにも乱暴である。大正・昭和初期に東京と大阪の盛り場を比較したさまざまな論考から、「趣味の不分化」「五彩陸離」「馬鹿に陽気」「商品の奥に店がある」「あくどさ」「自由闊達」といったいくつかのキーワードが抽出できたにすぎない。けれども、これら盛り場から得られた当時の印象が、今日の「大阪論」で見かけるさまざまなものの、ステレオタイプが用意されていることがわかる。

たしかに現在においても、屋外広告はあいかわらず「あくどい」表現が好まれている。良くいうと「自由闊達」である。何かといえば蝦《えび》や蟹《かに》の巨大な動く看板、くいだおれの人形などが話題となる。権田の観察に無理にこじつける必要はないのだが、いわれてみると大阪の商店は、いまも原色を駆使しにぎやかに飾りつけているところが多い。住宅と比べると「五彩陸離」で「馬鹿に陽気」である。

また「商品の奥に店がある」場合も目につく。とりわけ商店街では顕著だ。たとえば大阪天神橋筋商店街では、ながらく「首吊り」が名物であった。ハンガーにかけた洋服を街路に張り出すようにして、いくつもいくつも重ねてつり出す販売形態のことである。同じような店構えは現在も心斎橋筋にある若者向けの衣料店でも見て取ることができる。商品そのものを外部にあふれさせるようなにぎやかな店構えを好む傾向が散見できる。

「盛り場」イメージの刷新

半世紀ほど昔の指摘が、今日においても通用するという事実について、いかに考えるべきか。たしかに大阪の盛り場を歩いてみると、ある種独特の心象を受けることは否定できない。ただここでは、さまざまに語られている「比較論」のなかで、明らかに示されている「ある種の傾向」、もしくは「偏向」を指摘しておきたい。それは「盛り場」ないしは「商業空間」での「印象論」が、異常なまでに拡張され都市文化全体を論じる基礎となされている点だ。盛り場に限った観察が「大阪の土地柄」「大阪人の性分」などを代表してしまう傾向がある。

私はそこにむしろ普遍性を読みとりたい。もちろん盛り場はその都市の「顔」であるから、どこの街を対象とした「論」でも同じような傾向はあるのだろう。どこの都市にあっても歓楽街の風景、そして街ゆく人のファッションなどに、共通した表現を感じとることができる。いや、おそらく商業環境で採用されている表現そのものは、どの都市においても本質的に変わるものではないはずだ。

本書の各章で述べたように、大阪の「盛り場」を対象としたフィールドワークから得られる固有の知見を、日本の都市に共有される問題点として把握し解析をすすめることが重要であると考える。戦前期の盛り場で散見された世相や風俗の背景には、より普遍的な同時代の精神があったはずだ。これまで、「猥雑《わいざつ》さ」「どぎつさ」だけの文脈で語られた事象の背景には、近代都市ならではの合理性への希求があった。また派手な看板が登場した理由には、圧倒的な競争原理があった。盛り場での印象論を基礎とした従来の「大阪特殊論」、ステレオタイプの「大阪論」を脱し、普遍的な都市論に昇華させる作業が必要である。

あとがき

大阪の盛り場ミナミが故郷である。生家から心斎橋まで徒歩で十分、さらに十分も歩けば戎《えびす》橋筋から道頓堀《どうとんぼり》、法善寺横丁にたどりつく。千日前の先が難波《なんば》新地、道具屋筋を抜けて日本橋の電気屋街、そして新世界に至るまで商業地が連続する。宗右衛門町、黒門市場なども含めて、徒歩圏内に実に個性的な界隈《かいわい》が分布していた。

いっぽうで絶えず、新しい街が注目されるようになる。大阪市立南中学校に通っていた頃、学校のまわりに輸入雑貨や中古衣料を扱う店が増えだした。プールスタンドの向こう側に、なにやら妖しげなバラックのような店舗群が看板を掲げ、これみよがしに「アメリカ村」を標榜していた。どうやらこのあたりが若者の街として注目されだしたらしい。まもなくヨーロッパ村と称するエリアができ、高校生の頃にはディスコが流行、わがミナミにも著名なハコがいくつも誕生した。大学生の頃にはカフェバーが人気を集め、鰻谷《うなぎだに》が先端をいく街といわれるようになった。近年ではさらに外縁にあたる南船場《みなみせんば》や堀江が人気となっている。

ミナミは拡大と高密化の一途をたどってきた。近世にさかのぼる由緒を持つ芝居街と商店街、お茶屋街を核として、近代にあってターミナル型盛り場と各種の専門店街とを周辺に設け、さらに高度経済成長を契機に、より周縁に若者向けのエリアを設けながら絶えざる膨張を重ねてきた。もはや利用者によって、どこまでがミナミであるのかという質問は無意味である。ミナミと俗称される巨大な盛り場は、内なる衰退と変質、外縁での刷新を試みながら、全体として休むことなく新陳代謝《しんちんたいしゃ》を継続している。わが故郷のうつろいに、私は盛り場の本質を見てきたつもりである。

盛り場は「都市のなかの都市」であると思う。夕方から夜にかけて、何十万人もの人がどこかから湧いてくる。駐車場から、そして地下鉄や民鉄の駅から人が押し寄せてくる。週末ともなると、群衆でわが故郷は埋め尽くされる。しかし彼らはこの街の住人ではない。買い物や映画を楽しみ、食事をして酒を飲んで騒いで、そして遅い時間になると、みずからの住まいへと戻っていく。

いかなる場所が都市なのか。郊外のニュータウンを例示するまでもなく、大勢の人が住んでいる場所が必ずしも「都市」であるとは限らない。むしろ人口の多少に関係なく、人のアクティビティが高い場所こそ「都市的」ではないのか。都市の主役は住民だけではない。そこで店を構え、商いをなしている人たち。そして何よりも、「界隈を使いこなしている人たち」もまた都市の担い手である。

このように考えるならば、盛り場の歴史を記述する意味合いが了解されるだろう。「都市のなかの都市」である盛り場をめぐる思考は、都市のありようを考えるうえで、より本質的な作業のひとつだと思うのだ。

もっともその方法論や叙述のスタイルは、いまだ手探りのままである。ただ私なりの考えがあって、いくつかの制約をみずからに課すことにしてきた。

ひとつには資料を把握しつつも、ダイナミズムを追う意義を重んじる姿勢である。盛り場は静態としては把握しにくい。わずか数年で、あるエリアが話題となり、またわずかな期間でさびれてゆくことが稀《まれ》ではない。業態も、きまぐれな消費者の好みに応じて、うつろいやすい。街もまた消費の対象なのだ。

また第二には、できるだけそして多数の小さな主体、個々の商店主や企業体の活動を意識しながら、その集積として街を語る視点を重視する姿勢である。偉大なる市長や大企業の社長が盛り場をつくり、育むのではない。多くの人がそれぞれの立場から街に魅力と可能性をみいだし、街との関係性を持ち街を使いこなしてきた。膨大な営為の積分が都市なのである。細分化したまなざし、多様な立場をいかに語りのなかに盛り込んでいくのかについても、工夫が不可欠であると考えている。

私は、これまでにも千日前、心斎橋筋、新世界などのエリアについて、先に述べた視点を意識しながら何冊かの本を編み、また論文というにはあまりにも拙い文章を雑誌や論集に書き散らしてきた。本書はこれまでの仕事のなかから、大阪の盛り場に関わる文章を拾いあげ、東京との比較を意識しつつ、改めて書き直したものである。

とりわけ本書では、街を動態で把握するためには変化のベクトルをもって説明することが判りやすいと判断し、「西洋化」「高層化」「電化」をキーワードとした。

もちろん「西洋化」「高層化」「電化」という形容では、あまりに単純で、かつ大雑把《おおざっぱ》にに過ぎるのではないかという苦言もあろう。また細部が描写できていないという批判もあろう。その種の指摘を前提としつつも、あえて「化」の一文字を含むこれらの言葉を補助線として添えることで、いかなる盛り場論ができるのかを試みてみたいと思った。

本書を契機として、「西洋化」「高層化」「電化」などの観点から、近代日本の都市史を語り直す試みを今後、さらに展開していきたいと思っている。私なりの「都市の電化」論は、夜景の歴史、そしてナイトライフに関わる社会史・文化史へと展開するで予定である。そして私なりの「都市の高層化」は、建築や都市に関わる技術史とデザイン史を架橋する試み、さらには航空機と都市文化の物語へと発展するはずである。

また私なりの「都市の西洋化」論は、大正から昭和戦前期において商業界にあって顕著であったアメリカナイゼーションの検証に継続されることになる。実際、『商店界』や『商店雑誌』などのバックナンバーをめくると、当時の商店とその集団である商店街がかかえた事情を把握することができる。日本各地で営業していた商店主たちの理想論と実践が膨大に記述されている。そこにあっては西洋、特にアメリカの先進事例に学ぼうとする姿勢があきらかだ。また当時、商店界にあってオピニオンリーダーの立場にあった人たち、なかでも清水正巳の一連の著作からも、あきらかに同様の傾向が見て取れる。アメリカ文化の影響と戦時下の断絶を時間軸として、商環境デザインの二〇世紀を私なりにまとめてゆきたいと考えている。

いつもながら一冊の本を世に送るたびに、さらに調べ書き留めたい主題が増殖していく。書けば書くほど、至らないところが判ってくる。不惑と呼ばれる齢を超えたにもかかわらず、おのれの不明と未熟さをますます自覚し惑い続けている。

二〇〇三年二月　船場超楼の研究室にて

橋爪紳也

著者紹介

一九六〇年、大阪市生まれ
一九八四年、京都大学工学部建築学科卒、
一九九〇年、大阪大学大学院工学研究科博士課程修了
京都精華大学助教授・同大学創造研究所所長を経て、
現在、大阪市立大学大学院文学研究科助教授、工学博士
主要著書
倶楽部と日本人　明治の迷宮都市　日本の遊園地　人生は博覧会　日本ランカイ屋列伝　集客都市

歴史文化ライブラリー
156

モダン都市の誕生
大阪の街・東京の街

二〇〇三年(平成十五)六月一日　第一刷発行

著　者　橋《はし》爪《づめ》紳《しん》也《や》
発行者　林　英男
発行所　株式会社　吉川弘文館
東京都文京区本郷七丁目二番八号
郵便番号一一三—〇〇三三
電話〇三—三八一三—九一五一〈代表〉
振替口座〇〇一〇〇—五—二四四
印刷＝平文社　製本＝ナショナル製本
装幀＝山崎　登

歴史文化ライブラリー

1996.10

刊行のことば

現今の日本および国際社会は、さまざまな面で大変動の時代を迎えておりますが、近づきつつある二十一世紀は人類史の到達点として、物質的な繁栄のみならず文化や自然・社会環境を謳歌できる平和な社会でなければなりません。しかしながら高度成長・技術革新にともなう急激な変貌は「自己本位な刹那主義」の風潮を生みだし、先人が築いてきた歴史や文化に学ぶ余裕もなく、いまだ明るい人類の将来が展望できていないようにも見えます。このような状況を踏まえ、よりよい二十一世紀社会を築くために、人類誕生から現在に至る「人類の遺産・教訓」としてのあらゆる分野の歴史と文化を「歴史文化ライブラリー」として刊行することといたしました。

小社は、安政四年(一八五七)の創業以来、一貫して歴史学を中心とした専門出版社として書籍を刊行しつづけてまいりました。その経験を生かし、学問成果にもとづいた本叢書を刊行し社会的要請に応えて行きたいと考えております。

現代は、マスメディアが発達した高度情報化社会といわれますが、私どもはあくまでも活字を主体とした出版こそ、ものの本質を考える基礎と信じ、本叢書をとおして社会に訴えてまいりたいと思います。これから生まれでる一冊一冊が、それぞれの読者を知的冒険の旅へと誘い、希望に満ちた人類の未来を構築する糧となれば幸いです。

吉川弘文館

〈オンデマンド版〉
モダン都市の誕生
大阪の街・東京の街

On Demand
歴史文化ライブラリー
156

2018年（平成30）10月1日　発行

著　者　橋《はし》爪《づめ》紳《しん》也《や》
発行者　吉川道郎
発行所　株式会社　吉川弘文館
〒113-0033　東京都文京区本郷7丁目2番8号
TEL　03-3813-9151〈代表〉
URL　http://www.yoshikawa-k.co.jp/

印刷・製本　大日本印刷株式会社
装　幀　清水良洋・宮崎萌美

橋爪紳也（1960～）

ISBN978-4-642-75556-6